CHAKRA KOMPLETT-ANLEITUNG

Deine persönliche, lebensverändernde Reise zu den heilenden Kräften der 7 Chakren

Diana Freitag

© Copyright 2021 - Alle Rechte vorbehalten.

Der in diesem Buch enthaltene Inhalt darf ohne direkte schriftliche Genehmigung des Autors oder Herausgebers nicht reproduziert, vervielfältigt oder übertragen werden.

Unter keinen Umständen wird dem Verlag oder Autor die Schuld oder rechtliche Verantwortung für Schäden, Wiedergutmachung oder finanziellen Verlust aufgrund der in diesem Buch enthaltenen Informationen direkt oder indirekt übertragen.

Rechtliche Hinweise:

Dieses Buch ist urheberrechtlich geschützt und nur für den persönlichen Gebrauch bestimmt. Ohne die Zustimmung des Autors oder Herausgebers darf der Leser keinen Inhalt dieses Buches ändern, verbreiten, verkaufen, verwenden, zitieren oder umschreiben.

Haftungsausschluss:

Die in diesem Dokument enthaltenen Informationen dienen nur zu Bildungs- und Unterhaltungszwecken. Es wurden alle Anstrengungen unternommen, um genaue, aktuelle, zuverlässige und vollständige Informationen zu liefern. Es werden keine Garantien jeglicher Art erklärt oder impliziert. Die Leser erkennen an, dass der Autor keine rechtlichen, finanziellen, medizinischen oder professionellen Ratschläge erteilt. Durch das Lesen dieses Dokuments stimmt der Leser zu, dass der Autor unter keinen Umständen für direkte oder indirekte Verluste verantwortlich ist, die durch die Verwendung der in diesem Dokument enthaltenen Informationen entstehen, einschließlich, aber nicht beschränkt auf Fehler, Auslassungen oder Ungenauigkeiten.

Inhaltsverzeichnis

Einleitung 1

Was ist ein Chakra und wie funktioniert das
Chakrensystem? 3

Reise durch die einzelnen Chakren 7

   Das Wurzelchakra – Muladhara Chakra 8

      Verortung und Grundthema 8

      Einwirkung auf den Lebensweg 10

      Übungen zur Harmonisierung des
      Wurzelchakras 13

   Das Sakralchakra – Swadisthana Chakra 29

      Verortung und Grundthema 29

      Einwirkung auf den Lebensweg 30

      Übungen zur Harmonisierung des
      Sakralchakras 33

   Das Solarplexuschakra – Manipura Chakra 44

      Verortung und Grundthema 45

      Einwirkung auf den Lebensweg 46

      Übungen zur Harmonisierung des Solarplexuschakras ... 48

   Das Herzchakra – Anahata Chakra 60

      Verortung und Grundthema 61

      Einwirkung auf den Lebensweg 63

      Übungen zur Harmonisierung des
      Herzchakras 66

Das Halschakra – Visuddha Chakra 81
    Verortung und Grundthema 82
    Einwirkung auf den Lebensweg 83
    Übungen zur Harmonisierung des Halschakras 86

Das Stirnchakra – Ajna Chakra 94
    Verortung und Grundthema 95
    Einwirkung auf den Lebensweg 96
    Übungen zur Harmonisierung des Stirnchakras 98

Das Kronenchakra – Sahasrara Chakra 105
    Verortung und Grundthema 106
    Auswirkung auf den Lebensweg 107
    Übungen zur Harmonisierung des Kronenchakras 108

Die tägliche Chakrenreinigung 115

Die Farbenwelt der Chakren erkunden 119

Chakren und ihre Verbindung zu Heilsteinen 125

Eat the rainbow – Chakrenernährung 127

Schlusswort 131

Verweise und weiterführende Literatur 133

Einleitung

Immer mehr Menschen suchen nach Antworten auf ihre Lebensfragen und spüren, dass es durchaus mehr gibt als das, was sie täglich sichtbar wahrnehmen. Menschen spüren ihren Körper, mal auf positive, manchmal vielleicht auch auf negative Weise, wenn er durch eine Krankheit Signale sendet, aber sind sich der unsichtbaren Elemente oft nicht bewusst.

Dabei haben sich bereits vor vielen Jahrtausenden Menschen mit den unsichtbaren Teilen des Körpers auseinandergesetzt. Mit der unsichtbaren Anatomie hatten sich u. a. bereits vor mindestens 4.000 Jahren verschiedene spirituelle Traditionen befasst. Einen wissenschaftlichen Beweis der Existenz von Chakren gibt es jedoch bis heute nicht.

Vielleicht hast du bereits die Erfahrung gemacht, dass es Phänomene in deinem Leben gibt, die sich rein physisch nicht erklären lassen. Erst wenn die Menschen mit der Ursachenforschung beginnen, warum sie z. B. seit Jahren immer wieder Halsschmerzen haben, aber keine Medizin so wirklich helfen will, stoßen sie womöglich auf die Erklärungen, die ihnen feinstofflich zugrunde liegen. Ziel ist es, den Menschen wieder ganzheitlicher zu betrachten und zu erkennen, dass die innere und äußere Welt nicht voneinander getrennt funktionieren, sondern im Idealfall harmonisch zusammenarbeiten.

Während der Körper täglich unbewusst viele komplexe Arbeiten verrichtet, arbeitet auch das feinstoffliche Energiesystem für ihn. So können die Menschen immer mehr lernen, diese energetischen Abläufe wahrzunehmen und bewusst weiterzuentwickeln, indem auch

Sport den Körper zunehmend stärkt. Die Folge ist ein verbessertes Verständnis für Körper, Geist und Seele und die Handlungsfähigkeit, deren Harmonie aktiv unterstützen zu können.

Anhand dieses Buches wirst du lernen, was Chakren sind und welche Aufgaben sie im feinstofflichen System haben. Mithilfe von verschiedenen Reflexionsfragen und Übungen kannst du selbst erfahren, wie du diese harmonisieren und reinigen kannst. Die Chakrenlehre, da sie bereits intensiv erforscht und dargelegt wurde, ist dabei eine sehr gute Grundlage, um die Reise nach innen anzutreten und diese Bereiche deines Bewusstseins entdecken zu können.

Dieser Weg durch deine persönlichen Chakren kann dir helfen, den Blick auf verschiedene Situationen und Phänomene in deinem Leben zu klären und mehr Verständnis dafür zu entwickeln. Er dient deiner Selbsterforschung und so kannst du dich mit jedem Entdecken eines Chakras selbst besser kennenlernen und souveräner in deinem Leben handeln. Beginne nun dieses farbenfrohe Abenteuer der Erkundung deiner Chakren.

Was ist ein Chakra und wie funktioniert das Chakrensystem?

Das Chakra, was aus der altindischen Sanskritsprache übersetzt so viel wie „Rad", „Scheibe" oder „Kreis" bedeutet, ist mittlerweile im heutigen Sprachgebrauch nicht mehr so unbekannt, wie es noch vor einigen Jahren war. Durch die zunehmende Öffnung hin zu spirituellen Themen und Körperbewusstsein, haben immer mehr Menschen eine Idee davon, was ein Chakra sein könnte.

Wie könnte man ein Chakra verständlich definieren? Eine Übersetzung wäre: Ein Chakra ist ein „Energiezentrum". Dieses kreisrunde Zentrum beinhaltet all die spirituelle, feinstoffliche Energie und kann diese auch umwandeln und wieder verteilen. Da diese Kraft nichts Starres ist, kannst du dir ein Chakra so vorstellen, dass es sich wie ein Wirbel, eine Galaxie aus Licht und Farbe dreht.

In der indischen Chakrenlehre werden die Chakren gerne als Lotusblüten mit einer unterschiedlichen Anzahl von Blättern und bestimmten Farben dargestellt. Wie auch eine Blume, zeigt sich ein Chakra entweder geöffnet oder geschlossen. Es wird davon ausgegangen, dass Menschen eine Vielzahl von Chakren besitzen.

Die Chakren sind, wie auch das physische Nervensystem, miteinander verbunden und vernetzt. Ein Mensch besitzt dementsprechend auch eine feinstoffliche Anatomie, ein energetisches Nervensystem. Die sieben Hauptchakren, welche in diesem Buch behandelt werden, befinden sich dabei entlang der Wirbelsäule, dem Hauptenergiekanal, wo sie nach oben und unten, sowie nach vorne und hinten trichterförmig Energie empfangen und abgeben und so den physischen Körper durchdringen.

Wie funktioniert dieses Chakrensystem? Dieses unsichtbare, subtile Energierad hat die Funktion, zwischen dem physischen Körper und den feinstofflichen Körpern zu vermitteln. Der Körper, in dem der Mensch hier auf Erden lebt, besteht aus grobstofflicher Materie, die du anfassen, sehen und spüren kannst. Die feinstoffliche Hülle jedoch, so die Annahme der Yogaphilosophie, besteht aus drei, für die meisten Menschen, unsichtbaren Körpern. In der Vitalhülle ist all die Lebensenergie, welche auch als Prana bezeichnet wird, gespeichert. Sie entscheidet darüber, wie energiegeladen und fit sich ein Mensch fühlt. Ohne Prana, so die Yogalehre, gäbe es kein Leben auf Erden, denn die Verbindung zum Kosmos, dieser universellen Lebenskraft, erfüllt und aktiviert alles. Die geistig-emotionale Hülle bildet das Unterbewusstsein ab, mit all den Erinnerungen und Gefühlen. Zuletzt wird in der dritten Hülle, der intellektuellen Hülle, das Ego und das Selbstbewusstsein verortet.

Du hast bestimmt schon davon gehört, dass den Menschen eine Aura umgibt. Sie umhüllt den feinstofflichen Körper und strahlt nach außen. Deine Chakren stehen demnach permanent im gegenseitigen Austausch mit deinen feinstofflichen, energetischen Körpern, die dich umgeben.

In der Yogalehre wird von sieben Hauptchakren gesprochen. Du kannst dir dein Chakrensystem sozusagen als Dolmetscher vorstellen, welche alle grobstofflichen Informationen deines Körpers in spirituelle Energien übersetzen und umgekehrt. Ganzheitlich gesehen möchten deine Chakren dazu beitragen, dass du dein Dasein

Was ist ein Chakra und wie funktioniert das Chakrensystem?

hier auf Erden vollumfänglich, auf allen Ebenen, ausleben kannst. Umso besser die Kommunikation deiner Chakren zwischen der Physis und den Energiekörpern, desto wohler fühlst du dich insgesamt.

Diese Informationsübermittlung der Chakren findet über die sogenannten „Nadis" statt. Laut Yogalehre besitzt du davon ca. 72.000. Sie sind leere Kanäle, die Energien durch den Körper transportieren. Du kannst dir diesen Ablauf ähnlich wie die Elektrizitätsversorgung über Stromkabel vorstellen. Dein gesamtes Nervensystem, deine Blutversorgung und dein Lymphsystem sind dabei deine physischen Nadis, die du sogar im Körper spüren kannst. Feinstoffliche Nadis hingegen arbeiten, ohne dass du es bewusst wahrnehmen kannst. Sie übermitteln, genau wie dein vernetztes körperliches System, alle Energien in bestimmte Bereiche deines Körpers, wie z. B. in deine Zellen. Informationen verschiedener Reize, welche dich im Außen oder im Inneren erreichen, werden dadurch regelmäßig übersetzt und weitergeleitet.

Bei dieser Flut an Informationen ist es für dein physisches und energetisches System natürlich wichtig, den Überblick zu behalten und systematisch für dich zu arbeiten. Jedes einzelne Chakra hat eine bestimmte Bedeutung und Zuordnung zu speziellen körperlichen, geistigen und seelischen Themen. Dementsprechend kann der Zustand einzelner Chakren und die Funktion des Chakrensystems Aufschluss darüber geben, welche Probleme es zu lösen gilt und was für die persönliche Entwicklung gerade wichtig ist.

Der Chakrenlehre liegt die Annahme zugrunde, dass sich die Chakren eines Menschen mit zunehmender spiritueller Bewusstheit entwickeln und dementsprechend mehr oder weniger Energie aufnehmen und weiterleiten. Die Begriffe „Kundalini-Erweckung" und „Erleuchtung" werden damit auch in Zusammenhang gebracht. Die Stärke und Funktion der einzelnen Chakren können sich dementsprechend bei jedem Menschen anders darstellen und im Laufe der Zeit verändern.

Reise durch die einzelnen Chakren

Nachdem du jetzt bereits einen ersten Einblick in die Welt der Chakren erhalten hast, wollen sie einzeln in ihrer Bedeutung und Auswirkung auf das Leben hin betrachtet werden. Du wirst Informationen über das jeweilige Chakra erhalten und kannst anhand verschiedener Reflexionsfragen und Übungen deine bunt leuchtenden Energiewirbel in dir kennenlernen und harmonisieren.

Doch zunächst solltest du dir einen Überblick darüber verschaffen, wo sich deine einzelnen Chakren im Körper befinden. Die Nadis, also die Energiekanäle, laufen an bestimmten Punkten zusammen. An jedem dieser Zusammenflüsse befindet sich daher geballte Energie in Form eines Energiewirbels. Diese sieben energetischen Räder befinden sich wiederum innerhalb deines Hauptenergiekanales, deiner Wirbelsäule, auch „Sushumna Nadi" genannt. Jedes Chakra strahlt seine Energie in alle Richtungen aus, das unterste und oberste Chakra entsprechend jedoch hauptsächlich erdwärts und himmelwärts.

Das erste Chakra, auch als **Wurzelchakra** bezeichnet, befindet sich im Bereich zwischen den Geschlechtsorganen und dem Anus.

Das zweite Chakra, das **Sakralchakra**, hat seinen Sitz zwischen den Geschlechtsorganen und dem Bauchnabel.

Das dritte Energierad, auch **Solarplexuschakra** genannt, liegt oberhalb des Bauchnabels.

Das **Herzchakra**, und damit vierte Chakra, befindet sich, wie der Name bereits verrät, im Brustzentrum auf Höhe des Herzens.

Das fünfte Chakra wird im Bereich der Kehle verortet und nennt sich daher auch **Halschakra**.

Das sechste Chakra befindet sich zwischen den Augenbrauen als **Stirnchakra**.

Und das siebte Hauptchakra, auch als **Kronen- oder Scheitelchakra** bezeichnet, strahlt von der Schädeldecke aus nach oben.

Das Wurzelchakra – Muladhara Chakra

In diesem Kapitel wird dir als erstes Chakra das Wurzelchakra vorgestellt. Wie bereits am Namen erkennbar, befindet es sich an der Wurzel der Wirbelsäule und beschäftigt sich mit so einigen Lebensthemen, die sich mit genau diesen Eigenschaften von „Verwurzelung" auseinandersetzen. Die große Thematik des Wurzelchakras ist demnach die Stabilität und Sicherheit.

Verortung und Grundthema

Wie bereits beschrieben, liegt das dunkelrot strahlende Wurzelchakra am Ende der Wirbelsäule im Bereich zwischen den Geschlechtsorganen und dem Anus, dem sogenannten Damm. Dieses Chakra bildet daher aufgrund seiner Verortung auch die Basis für all die Prozesse, die körperlich und feinstofflich ablaufen. Ähnlich wie beim Hausbau ist diesem Energiezentrum besondere Aufmerksamkeit zu schenken, da auch ein Haus ohne ein stabiles Fundament nach einiger Zeit instabil werden kann. Daher ist es naheliegend, sich zuerst mit diesem Chakra eingehend auseinanderzusetzen. Da es seine Energie vor allem erdwärts ausstrahlen lässt, bezieht es physisch gesehen auch die Beine und Füße mit ein.

„Mit beiden Beinen mitten im Leben stehen" ist eine Redewendung, die das Motto dieser Chakrenenergie auf den Punkt bringt. Ein stabiler Stand auf dem Planeten Erde, bei dieser Reise der Seele, verbindet den Menschen mit allem Irdischen und Materiellen. Dabei korrespondiert das Wurzelchakra auch mit der Erdenergie. Kennst du das Gefühl, vollkommen „geerdet" zu sein? Oft beschreiben es Menschen auch mit dem Satz „Ich bin in meiner Mitte". Jene Wahrnehmung lässt ein Gefühl der harmonischen Wurzelchakraenergie erhalten.

Ganz grundlegend beschäftigt sich das unterste Chakra mit der existentiellen Sicherung des Überlebens und dem Bestehen der Welt. Auch wenn sich viele Menschen der modernen Zeit kaum oder gar keine Gedanken mehr machen müssen über die existentiellen Themen Nahrung, körperliche Unversehrtheit und Unterkunft, ist die Angst vor einer lebensbedrohlichen Situation jedoch noch immer in ihnen vorhanden. Der sogenannte „Fight-and-flight-Modus" erzeugt in ihnen noch immer Furcht, Stress und Adrenalin, auch wenn die vermeintlichen Bedrohungen sich heute vollkommen anders zeigen als in prähistorischen Zeiten. Es ist eine tiefsitzende Angst, die viele Menschen tagtäglich begleitet und dementsprechend nicht „in ihrer Mitte" oder „geerdet" sein lässt.

Die Erkenntnis der Unbeständigkeit und Unberechenbarkeit des Lebens, das Bewusstsein darüber, dass nicht alles bestimmt und kontrolliert werden kann, lässt die Existenz in ständiger Sorge erleben. Die moderne Welt der heutigen Zeit bietet dem Menschen jedoch viele Möglichkeiten, diese Ängste verstummen zu lassen, zumindest für ein paar Momente.

Es erfordert Mut, dieser Angst vor dem Tod in die Augen zu blicken und diese auch anzunehmen, den Widerstand dagegen aufzugeben. Der Weg der Ablenkung und Leugnung jedoch verursacht im Menschen noch mehr Druck und unangenehme Emotionen. Bisweilen kann es sogar dazu führen, das Leben in seiner Ganzheit an Erfahrungen abzulehnen und sich bewusst oder unbewusst vom Strom des Lebens abzuschneiden.

Einwirkung auf den Lebensweg

Das unausgeglichene Wurzelchakra

Ein unausgeglichenes Wurzelchakra wird seine Energie dafür aufwenden, diese Situationen der Ungewissheit und die daraus folgenden emotionalen und mentalen Reaktionen auszugleichen. Routinen, Strukturen, materieller Besitz und schweres Essen können jenen stabilisierenden äußeren Rahmen bieten, sodass alles dafür getan wird, so viele Aspekte des Lebens wie möglich „sicher" zu machen. Alle Bestrebungen werden darauf gerichtet, das Beschützende, die Stabilität nicht zu verlieren. Es ist ein Anhaften an all den Personen und materiellen Dingen, die scheinbar Verwurzelung hier auf Erden schenken. Menschen ketten sich sozusagen fest, in der Hoffnung diese Erde nicht verlassen zu müssen.

Wenn überall im Außen Gefahren lauern, zeigen Menschen mit einem Ungleichgewicht im Wurzelchakra auch oft die Tendenz, gegenüber allem und jedem sehr misstrauisch zu sein. Dies kann in allen Formen von zwischenmenschlichen Beziehungen zu Problemen führen, da eine vertrauensvolle Basis niemals oder nur sehr schwer aufgebaut werden kann. Es beginnt ein Kreislauf aus Zurückweisungen und Enttäuschungen. Traumata entstehen und dadurch erfolgt die Bestätigung von negativen Glaubenssätzen, die den Menschen glauben lassen, dass er eigentlich nicht auf dieser Erde, in diesem Körper leben möchte, hier nicht dazugehört. Um den Schmerz dieser Erfahrungen zu vermeiden, ziehen sich jene Menschen immer mehr in ihr Schneckenhaus zurück und negieren so die für ihre Entwicklung wichtigen menschlichen Erfahrungen.

Der Selbstschutz steht an erster Stelle und wird vehement durchgesetzt, auch wenn dies heißen mag, tatsächlich nicht mehr dazuzugehören und in Isolation zu sein. Es ist eine Flucht, mental und emotional, welche die Verbindung zum physischen Körper immer mehr abschneidet und den Menschen darin verstärkt, im Verstand, also beim Grübeln und in Sorgen festzuhalten. Nicht selten folgt eine Flucht in Süchte, diverse Glaubensformen und/oder Emotionslosigkeit.

Zusammenfassend kann man sagen, dass eine Person mit einem unausgeglichenen Wurzelchakra in allen Bereichen des Lebens, aus Ängstlichkeit heraus, Stabilität, Struktur und Verlässlichkeit liebt und diese versucht, mit allen Mitteln zu etablieren und zu erhalten. Da ist dann natürlich wenig Raum für Abenteuer, persönliches Wachstum und Flexibilität, um mit den Herausforderungen des Lebens umzugehen.

Das ausgeglichene Wurzelchakra

Ein Wurzelchakra, das in seiner energetischen Kraft ist, äußert sich im Menschen als ein optimistisches Lebensgefühl. Während man sich mit einem unausgeglichenen ersten Chakra eher als Opfer der Lebensumstände wahrnimmt, lässt einen ein ausgeglichenes Wurzelchakra in der Verantwortung für das eigene Leben sein.

Alle Erfahrungen, ob negativ oder positiv, werden angenommen und als Möglichkeiten des persönlichen Wachstums und als individueller Lernprozess erkannt. Der gegenwärtige Moment ist viel wichtiger und genussvoller, als das schmerzliche Festhalten an der Vergangenheit oder dem ängstlichen Blick in die Zukunft. Nicht die äußerlichen Dinge und Glaubensmuster geben Halt im Leben, es ist vielmehr eine tiefe innere Stabilität, welche unerschütterlich ist.

Vielleicht bist du im Laufe deines Lebens bereits auf den Begriff „Urvertrauen" gestoßen. Jenes Wort beschreibt sehr gut den Zustand und das Gefühl eines harmonischen Wurzelchakras. Es ermöglicht dem Menschen, sich mit allen Gegebenheiten ohne Angst auseinanderzusetzen, mit einem stabilen Vertrauen in sich selbst. Es wird davon ausgegangen, dass sich das Wurzelchakra, als erstes Chakra, im Mutterleib beginnt zu entwickeln und anschließend, vor allem im ersten Lebensjahr, alle Erfahrungen von Liebe und Stabilität in sich aufnimmt. Bis ein Mensch sieben Jahre alt ist, erfährt er den Prozess des Ankommens als Erdenkind. Die Grundlagen für eine innere Stabilität, jenes ausgeglichene Chakra, werden also bereits gelegt, bevor die ersten Schritte auf dieser Erde gemacht werden.

Vom Ende der Wirbelsäule her, aus jenem stabilisierenden Energierad, entwickelt sich, bei ausgeglichenem Chakra, schrittweise auch die Spiritualität. Man spricht in der Yogaphilosophie von der „Erweckung der Kundalini". Es wird davon ausgegangen, dass im Wurzelchakra eine Energieform schlummert, welche darauf wartet, erweckt zu werden, um mit ihrer Aktivierung durch den Hauptenergiekanal aufzusteigen. Sie wird als „Kundalinikraft" oder auch „Schlangenkraft" bezeichnet und als eine zusammengerollte und anschließend sich aufrichtende Schlange dargestellt. Bei jenem aufsteigenden Prozess werden nacheinander alle Chakren im Energiesystem gereinigt und geöffnet, was letztendlich im letzten Chakra, dem Kronenchakra, zur Erleuchtung führen soll. Alles spirituelle Bewusstsein beginnt als Entwicklung daher im Wurzelchakra.

Ein ausgeglichenes Wurzelchakra beeinflusst den Lebensweg entsprechend dahingehend, dass das Leben beschritten wird aus einer inneren Stärke und Stabilität heraus. Diese erlauben einem Menschen, dass er allem, was ihm im Außen geboten wird, mit Dankbarkeit und ohne krampfhafte Anhaftung begegnen kann.

Übungen zur Harmonisierung des Wurzelchakras

Um ein Chakra ins Gleichgewicht zu bringen, ist es sinnvoll, dass du dir zunächst einige Fragen zur Reflexion vornimmst, um ein eventuelles Ungleichgewicht festzustellen. Vielleicht hast du ja bereits beim Durchlesen der Chakreneigenschaften und deren Auswirkungen auf den Lebensweg ein paar Punkte innerlich bestätigt oder abgelehnt. Versuche, die folgenden Fragen ehrlich und intuitiv für dich zu beantworten. Das kannst du natürlich rein mental machen, allerdings kann es oft auch hilfreich sein, sich schriftliche Notizen zu machen, um deine Entwicklung im weiteren Verlauf der Auseinandersetzungen mit deinen Chakren wahrzunehmen.

Diese eigenständige Reflexion soll dir auch dabei helfen, zu verstehen, wie du gerade, in Bezug auf die Hauptthemen des ersten Chakras, handelst und so dahinterliegende Muster aufdecken kannst. Wenn du die empfohlenen Übungen für das jeweilige Chakra umsetzt, kannst du anhand der Fragen auch rückblickend besser beurteilen, ob sich eine Veränderung bzw. Harmonisierung zeigen konnte.

Da das Wurzelchakra die Basis im Chakrensystem darstellt, hat eine energetische Harmonisierung hier auch ausgleichende Auswirkungen auf alle nachfolgenden Chakren, weswegen du ihm besonders viel Aufmerksamkeit zukommen lassen solltest.

Reflexionsfragen zu deinem Wurzelchakra

1. Wie wichtig ist mir das Thema Sicherheit in meinem Leben?
2. In welchen Bereichen meines Lebens wünsche ich mir mehr Stabilität?
3. Wie viel Energie bringe ich auf, um ein stabiles, sicheres Leben führen zu können?
4. Wie reagiere ich in Situationen, die mein Bedürfnis nach Sicherheit herausfordern?
5. Wie flexibel handle ich, wenn sich der geplante Tagesablauf spontan ändern muss?
6. Kann ich mir selbst und anderen vertrauen?
7. Was brauche ich, um vertrauen zu können?
8. Ist das Leben in dieser Welt für mich anstrengend oder erfüllend?
9. Wie gehe ich mit schmerzhaften Erfahrungen, wie z. B. mit Krankheit und Verlust, um?
10. In welcher Art und Weise berührt mich die Auseinandersetzung mit dem Thema Tod?

Meditation als grundlegende Übung

Nachdem du anhand der Reflexionsfragen einen Einblick erhalten hast, welchen Lebensthemen sich die Energie des Wurzelchakras widmet und in welcher Intensität sich dies in deinem Leben gerade äußert, kannst du mithilfe gezielter Meditationen noch tiefer in dieses Energierad eintauchen.

Dass Meditation für den Menschen sehr heilsam sein kann, ist mittlerweile bekannt und sogar wissenschaftlich belegt. Doch oft herrschen noch Unsicherheiten, wie eine Meditation „richtig" angewandt wird und wie man sie erlernen kann. Daher möchte ich dir zunächst einen kurzen Einblick geben, was Meditation überhaupt ist, welche positiven Effekte sie auf Körper, Geist und Seele haben kann und wie du sie schrittweise in deinen Alltag integrierst.

Unter Meditation versteht man allgemein ein zur Ruhe kommen des Geistes, ein Entdecken deines inneren Raumes, ein Lauschen und bewusstes Wahrnehmen deiner Selbst. Der Geist wird in der Meditation klar und entspannt, was zur Folge hat, dass die vielen Gedanken, die tagtäglich bewusst oder unbewusst durch den Kopf schwirren, deine Energie nicht mehr konsumieren, sondern die Chance haben, sich zu ordnen und zu beruhigen.

Letztendlich meditieren Menschen bereits seit vielen Jahrtausenden. Als spirituelle Technik entwickelte sich die Meditation ursprünglich in verschiedenen Religionen und Kulturen, wie z. B. in der Yogatradition. Aber auch in Religionen, wie z. B. dem Christentum, wurden Meditationsverfahren genutzt, um sich dadurch mit Gott zu verbinden und ihn in der Meditation zu erfahren. Einige spirituelle Wege sehen die Meditation auch als Schlüssel, um im Leben Erleuchtung zu erlangen. Doch mittlerweile fand diese Art der Besinnung nach Innen auch medizinische Anwendung, losgelöst von spirituellen Konzepten, um Menschen darin zu unterstützen, Stress und Ängste zu reduzieren. Vor allem in der modernen westlichen Welt, in der viele Menschen unter dem Druck und den Herausforderungen des alltäglichen Lebens leiden (Burnout, psychosomatische Erkrankungen etc.), wird Meditation aufgrund der stressreduzierenden Eigenschaften sehr geschätzt und findet immer mehr Akzeptanz und Anerkennung inmitten der Gesellschaft.

Kontemplative Methoden findest du heutzutage in vielen unterschiedlichen Varianten und Techniken, sodass es manchmal überfordernd sein kann, die richtige Meditationstechnik für sich zu finden. Es gibt körperlich passive Formen der Meditation, in welchen man in Stille sitzt und sich fokussiert, aber auch körperlich aktive Meditationen, bei denen Bewegung und Handlung die Kontemplation unterstützen sollen. Insbesondere dann, wenn es dir schwerfällt, längere Zeit ruhig und still zu sitzen, kann dies ein geeigneter Zugang zur Meditation sein. In der Yogaphilosophie z. B. sollen die verschiedenen Körperübungen (Asanas) den Körper gezielt auf die Meditationspraxis vorbereiten, um ein längeres Sitzen in Ruhe, mit aufgerichteter Wirbelsäule, zu ermöglichen.

Dank der überlieferten und erforschten Mediationstechniken haben Menschen nunmehr die Möglichkeit, selbstständig und eigenverantwortlich Körper, Geist und Seele wieder harmonisieren zu können. Denn mittlerweile ist klar: Meditation ist gut für die Psyche und die körperliche Gesundheit. Wer regelmäßig meditiert, betreibt eine „innere Pflege". Man entwickelt zunehmend eine positivere Denkweise und wird emotional stabiler, was das Stressempfinden signifikant verbessern kann. Menschen, die regelmäßig meditieren, nehmen ihren Alltag achtsamer wahr und können daher auch geduldiger und flexibler mit ihren täglichen Herausforderungen umgehen. Meditation zentriert den Menschen, indem sie ihn erkennen lässt, was wirklich wichtig im Leben ist. Gedanken und Emotionen beherrschen nicht länger das Handeln der Menschen. Stattdessen lernen sie zunehmend, wie sie diese verarbeiten und damit umgehen können. Immer mehr wird klar, was der einzelne Mensch, sein Körper und seine Seele, und auch andere Menschen, eigentlich wirklich brauchen. Es ist ein Weg der Selbstermächtigung und der Selbsterkenntnis.

Vielleicht fragst du dich jetzt, wie du meditieren sollst? Es gibt ein paar erste, einfache Schritte, die du täglich üben kannst. Mit der Zeit wirst du immer mehr deine eigene Praxis aufbauen und von den positiven Auswirkungen der Meditation profitieren können. Hilfreich ist es, sich jeden Tag eine feste Zeit zu reservieren, die nur dir gehört. Zu welchen Zeiten in deinem Tagesablauf hast du die meiste Ruhe und findest ein ungestörtes Zeitfenster von etwa 10 bis 20 Minuten? Könntest du deine Meditation z. B. als eine Morgen- oder Abendroutine in deinen Alltag mit einbauen? Ebenfalls erleichternd kann für dich ein fester Ort sein, an dem bereits dein Meditationskissen liegt oder ein Stuhl steht, auf dem du dich jeden Tag zur Meditation hinsetzen kannst. Könntest du dir in deinem Wohnraum einen Platz dafür gestalten?

Mittlerweile gibt es ein großes Angebot an geführten Meditationen, mithilfe derer du dich durchleiten lassen kannst. Beginne am besten damit, auszuprobieren, um deine Vorlieben und Bedürfnisse dahingehend kennenzulernen und so deinen individuellen Meditationsweg zu finden. Solltest du ohne eine auditive Anleitung meditieren wollen und noch keine oder wenig Erfahrung mit Meditationstechniken haben, kannst du folgende erste Schritte üben:

1. Bereite deine Meditationszeit vor, indem du eventuelle Störfaktoren beseitigst und deinen Sitzplatz vorbereitest. Es kann schön sein, sich an diesem Ort eine Kerze oder ein dezentes Räucherstäbchen anzuzünden. Achte aber bitte unbedingt auf Brandschutzmaßnahmen und lösche alle Feuerquellen nach der Meditation. Beziehe dies am besten ritualartig in deine Meditationspraxis mit ein. Diese Handlungen können einen sehr bewusst gesetzten Anfang und ein bewusst gesetztes Ende deiner Meditationszeit darstellen. Auch z. B. der Gong einer Klangschale kann für dich zu einem regelmäßigen Zeichen werden. Dein

Geist stellt sich so nach einiger Zeit beim Erklingen des Tons darauf ein, dass jetzt eine Zeit der Ruhe und Stille sein wird. Finde hier deinen Weg, der am besten zu dir passt und lege alles Nötige dafür bereit.

2. Setze dich aufrecht und bequem auf ein Meditationskissen oder einen Stuhl. Dein Rücken ist dabei gerade und dein Kopf aufgerichtet. Deine Beine können z. B. im Schneidersitz gekreuzt sein. Wähle für deinen Sitz eine Variante, in der du ohne Bewegung 10 bis 20 Minuten lang gut sitzen bleiben kannst. Mit deinen Händen kannst du eine Schale in deinem Schoß formen oder sie locker auf deinen Oberschenkeln ablegen. Meditierende wählen auch gerne eine spezielle Handhaltung (Mudra), um die Energie im Körper zu halten und den Energiekreislauf zu schließen. Dafür bringst du deinen Daumen und deinen Zeigefinger an den Fingerspitzen zusammen. Die Handflächen können nach oben zeigen, um Energie zu empfangen, oder nach unten aufliegen, um die Energie im Körper zu halten. Wähle selbst, was sich für dich am stimmigsten anfühlt.

3. Du kannst eine feste Zeit für deine Meditation einplanen und einen Timer stellen, oder deiner inneren Uhr vertrauen. Wenn du dir ein Signal für deinen Beginn gewählt hast (z. B. Gong), dann setze es jetzt und schließe anschließend sanft die Augen. Mithilfe eines bewussten Atems kannst du deinem Körper ein Zeichen geben, dass die Meditation beginnt. Atme etwa dreimal langsam tief ein und aus. Du kannst dabei auch deine Schultern zu den Ohren ziehen und beim Ausatmen entspannt fallen lassen. Sobald du das Gefühl hast, gelöster und damit bereit zu sein, lässt du den Atem frei und natürlich fließen.

4. Konzentriere dich auf deinen Atem, der ohne dein bewusstes Zutun durch die Nase ein- und ausströmt und

deinen ganzen Körper mit Sauerstoff versorgt. Vielleicht kannst du sogar den Luftstrom an deiner Nasenspitze spüren, wie er dort leicht kitzelt und sie kühlt. Fokussiere dich allein auf deinen Atem, wie ein innerer Beobachter.
5. Nach einigen Momenten werden erste Gedanken aufkommen. Das ist ganz normal und nichts Schlimmes, das du mit aller Macht vermeiden solltest. Im Gegenteil: Wenn du einen Widerstand gegen sie aufbaust, werden sie deine Konzentration bündeln. Lässt du sie jedoch aus einer beobachtenden Position heraus durch dich hindurchfließen, werden sie kommen und gehen. Nimm kurz Notiz von ihnen und lass sie dann los. Das kann ein wenig Übung erfordern, aber du wirst sehen, dass es sich bei jeder Meditation verändern wird und du immer leichter wahrnimmst, wann du an Gedanken „hängen bleibst".
6. Sobald das Signal deines Timers erklingt, oder deine innere Uhr das Ende der Meditation anzeigt, lässt du deine Augen noch einen Moment geschlossen, um kurz nachzuspüren, wie du dich jetzt fühlst und gibst deinem Körper und deinem Geist ein wenig Zeit, um wieder im Hier und Jetzt anzukommen. Du kannst nun ein Abschlusssignal setzen oder bewusst und achtsam deinen Platz aufräumen, z. B. die Kerze löschen. Bedanke dich bei dir selbst, dass du dir diese Zeit geschenkt hast.

Meditation für das Wurzelchakra

Regelmäßige Meditation ist für dein Wurzelchakra wahre Medizin und sehr kraftvoll, um es zu harmonisieren. Da die Grundthemen dieses Chakras Schutz und Stabilität sind, kann dir Meditation dabei helfen, zu erkennen, diese Qualitäten in dir selbst zu entdecken und zu kultivieren, anstatt sie im Außen zu suchen. Eine Meditation für dieses Chakra führt dich in die direkte Verbindung mit ihm, sodass du deine Aufmerksamkeit gezielt darauf richten kannst. Denn als universelles Gesetz gilt, dass Energie immer dorthin fließt, worauf du gezielt deinen Fokus ausrichtest. So kannst du durch diese Meditation dein Wurzelchakra aktivieren und harmonisieren.

Sieh diese Chakrenmeditationen bitte als eine von vielen Meditationsmöglichkeiten an und als eine Inspiration für dich, um mit der Zeit durch diese Anregungen deine eigene, verbindende Meditationspraxis zu pflegen. Wenn du bereits mit Meditation vertraut bist, bereite deine ersten Schritte vor, um in eine ruhige und entspannte Meditationshaltung zu kommen. Solltest du mit diesem Buch deine ersten Meditationserfahrungen machen, folge bitte den ersten Schritten des vorangegangenen Kapitels. Lies dir die Meditationsanleitung zunächst durch und folge den Empfehlungen anschließend mental.

1. Setze dich in einen bequemen Meditationssitz und schließe die Augen. Komme hier zunächst an, indem du ein paar Mal tief in den Bauch ein- und ausatmest. Wenn du spürst, dass dein Körper sich entspannt und dein Geist ruhig geworden ist, lässt du den Atem frei fließen.
2. Richte deinen inneren Fokus gezielt auf den Bereich deines Körpers am Ende der Wirbelsäule, dem Sitz deines Wurzelchakras. Spüre diesen Bereich und nimm einfach nur wahr. Lasse aufziehende Gedanken kommen und weiterziehen. Kannst du vielleicht ein Kribbeln spüren? Fühlt sich dieser Teil deines Körpers warm oder kalt, weich oder verspannt an? Erkunde ihn für einige Zeit mit deiner Wahrnehmung.
3. Die Energie von Stabilität und Sicherheit bündelt sich in deinem Wurzelchakra. Es ist dein innerer Ort der Geborgenheit und des Vertrauens. Die Energie von Mutter Erde

wirkt sehr ausgleichend und stärkend auf dein erstes Chakra. Spüre zunächst den Kontakt zur Erde. Wo berührt dein Körper sie? Diese Erdenergie kannst du besonders intensiv spüren, wenn du diese Meditation in der Natur, auf dem Boden sitzend, praktizierst. Wie fühlt sich der Untergrund an, auf dem du sitzt? Wie fühlt sich dein Körper bei diesem Kontakt an? Erfühle auch hier innerlich mit der Kraft deiner Wahrnehmung.
4. Das Wurzelchakra möchte sich mit dieser liebevollen Kraft der Erde verbinden und dir Schutz und Halt schenken. Wenn du dich energetisch mit Mutter Erde verbindest, ist es nicht mehr notwendig, dich durch materiellen Besitz an dieses Erdenleben zu binden. Stelle dir also vor, wie du dich über dein erstes Chakra mit dem Boden unter dir verwurzelst. Male dir innerlich aus, wie deine Wurzeln aussehen. Langsam wachsen sie nach unten, stark und kräftig verankern sie dich. Wie ein kräftiger, starker Baum kannst du stabil im Leben stehen, denn deine Wurzeln halten und nähren dich. Sie versorgen dich mit all dieser Energie, die dich mutig durch dein Leben schreiten lassen.
5. Nach einiger Zeit kannst du nun vielleicht wahrnehmen, dass dein Herz und der Herzschlag von Mutter Erde im Einklang schlagen. Kannst du spüren, dass dein Leben einem bestimmten Rhythmus folgt? Erkennst du, dass das Leben fließt, in Bewegung ist und du die Möglichkeit hast, mitzufließen, wenn du deinen inneren Widerstand loslässt? Wenn du kannst, lass dich innerlich in diesen Lebensfluss fallen, voller Vertrauen und Mut.
6. Zum Abschluss fokussiere dich noch einmal auf das Ende deiner Wirbelsäule, den Bereich zwischen den Geschlechtsorganen und dem Anus. Wie kannst du die Energie deines Wurzelchakras nun spüren? Hat sich etwas im Vergleich zum Anfang der Meditation verändert?

Du kannst innerlich visualisieren, wie diese Kraft in deinem Chakra langsam nach oben steigt und auf die restlichen Chakren ausstrahlen möchte, sie ebenfalls mit dieser Energie versorgt. Kehre dann mit deinem Bewusstsein zurück und, wenn du bereit dafür bist, öffne langsam die Augen. Nimmt dir noch einen kurzen Moment, um nachzuspüren, bevor du deinen Meditationsplatz verlässt.

Yogaübungen zur Aktivierung und Harmonisierung der Chakren

Wer sich über Chakren informiert, wird zwangsläufig auch auf die Yogaphilosophie stoßen, welche entsprechende Übungen für die einzelnen Energiefelder empfiehlt. Im Allgemeinen ist es ratsam, den physischen Körper durch sportliche Aktivität bis ins hohe Alter fit zu halten. Insbesondere dann, wenn es um das Energiesystem geht, ist Yoga eine sehr aktivierende und harmonisierende Möglichkeit, dich mit deinen Chakren auf tieferer Ebene auseinanderzusetzen.

Bereits die Yogasutren, jene Texte, die all das Wissen über Yoga und Energiezentren überlieferten, berichten von der heilsamen Wirkung auf Körper, Geist und Seele. Beim Praktizieren der Yogastellungen merkt man meist schnell, dass diese mehr sind, als eine sportliche Verrenkung des Körpers. Sie haben einen spirituellen und meditativen Charakter und unterstützen dabei, sich selbst wieder zu spüren, körperlich und energetisch. Körper, Seele und Geist bilden eine Einheit, sind nicht voneinander getrennt. Durch die vielen täglichen Aufgaben, die einem das Leben stellt, kann es einem jedoch oft so vorkommen, als wäre man in einer distanzierten Position. Viele Menschen wählen z. B. Nervenkitzel, Drogen oder Extremsport, um sich selbst wieder spüren zu können. Yoga bedeutet übersetzt, sich wieder anzubinden. Es ist eine wunderschöne Art, den Körper kennenzulernen, den Fokus zu halten und Entspannung zu finden.

Insbesondere schmerzhafte oder gar traumatisierende Erlebnisse speichert der physische Körper in Form von Verspannungen. Wenn auf dieser Ebene gearbeitet wird, hat dies auch direkte Auswirkungen auf den energetischen Körper und damit auf die Chakren. Yogaübungen bringen die Energie wieder zum Fließen und helfen so, gespeicherte Eindrücke, die sich als physische, aber auch energetische Blockaden zeigen können, freizulegen, zu verarbeiten und loszulassen. Die yogischen Körperübungen adressieren oft eines oder mehrere der sieben Hauptchakren, weshalb sie dich darin unterstützen wollen, deine Reise durch die Chakren ganzheitlich vollziehen zu können. Bist du bereit, dich durch Yoga völlig neu kennenzulernen?

„Yoga ist die Reise des Selbst,
durch das Selbst,
zum Selbst."
(Bhagavad Gita, spirituelle indische Schrift)

Yogaübungen für das Wurzelchakra

In diesem Kapitel möchte ich dir ein paar einfache Yogaübungen vorstellen, die du regelmäßig anwenden kannst, um dein Wurzelchakra zu stärken. Du brauchst dafür keine speziellen Yogavorerfahrungen. Trotzdem ist es natürlich wichtig, dass du jede Übung mit Achtsamkeit für deinen Körper durchführst. Sie sollten niemals Schmerzen verursachen. Dein Atem wird dich immer durch jede Körperübung (Asana) führen. Wenn der Atem nicht mehr frei fließen kann, ist es ein Zeichen dafür, die Anstrengung zurückzufahren. Solltest du aufgrund deiner körperlichen Konstitution Bedenken haben, frage bitte vorher einen Arzt oder Heilpraktiker, ob diese Yogahaltungen für dich geeignet sind. Auch ist es ratsam, eine Yogalehrerin/einen Yogalehrer aufzusuchen, um nach Rat und Korrektur zu fragen, wenn du eine fundierte eigene Yogapraxis aufbauen möchtest.

Die Übungen dienen dazu, Energie wieder zum Fließen zu bringen, was durch Starre und Verkrampfung jedoch blockiert wird. Versuche also nicht krampfhaft dich in einer Position zu halten. Dein Körper wird mit der Zeit weicher und du wirst merken, dass du dich mehr und mehr in den Asanas entspannen kannst. Ähnlich wie bei der Meditation würde es ein schönes Ritual sein, täglich zur gleichen Zeit am gleichen Ort ein paar oder nur eine dieser Übungen durchzuführen. Wenn du eine Yogamatte hast, auf der du praktizieren kannst, wäre das toll, ist aber nicht zwingend erforderlich. Eine warme Decke kann ebenfalls als Unterlage dienen. Wähle eine für dich bequeme Kleidung, die dich entsprechend der Jahres- und Tageszeit gut warmhält und lege dir eine Decke oder Strickjacke für die Abschlussentspannung zur Seite. Deine Socken solltest du jedoch während der Yogaübungen ausziehen, damit du den erdenden und stimulierenden Effekt vollkommen nutzen und genießen kannst.

Die stehende Berghaltung - Tadasana

Um mit beiden Beinen fest im Leben stehen zu können, braucht es einen stabilen und kräftigen Stand. Viele Menschen entwickeln im Laufe ihres Lebens Haltungsschäden aufgrund von Schonhaltungen oder zu wenig Bewegung. Die stehende Berghaltung, als Basis aller Yogaübungen, hilft, das Körpergewicht wieder bewusst zu spüren und ideal auf den Fußflächen zu verteilen. Da die Beine direkt mit dem Wurzelchakra in Verbindung stehen, wird dieses durch diese Yogaübung mit stärkender Erdenergie versorgt, man erdet sich. Sehr schön ist diese Yogaübung natürlich auch barfuß in der Natur durchzuführen, und um im unmittelbaren Kontakt mit Mutter Erde zu sein. Die Asanas werden für eine kurze Zeit statisch gehalten, sodass du in ihnen vollkommen achtsam und ruhig verbleiben kannst. Du kannst mit fortschreitender Übungspraxis die Zeitspanne entsprechend verlängern. Der wohltuende Effekt wird durch deine tiefe und bewusste Bauchatmung noch verstärkt.

1. Stelle dich barfuß mit geschlossenen Füßen auf deine Unterlage. Deine Zehen und Fersen sollten sich dabei berühren. Spüre hier, wie deine Füße dein komplettes Körpergewicht auf der Ferse und dem Ballen des großen und kleinen Zehs tragen. Deine Zehen sind dabei entspannt auf dem Boden ausgestreckt. Spiele ein wenig mit deiner Gewichtsverteilung und finde den Punkt, bei dem alle drei Auflagepunkte deines Fußes gleich viel belastet werden. Sollte es dir sehr schwerfallen, das Gleichgewicht zu halten, kannst du deine Füße mit ein wenig Abstand aufstellen. Auch das Anlehnen an eine Wand kann dir helfen, deine Stabilität und Sicherheit im Stand zu finden.
2. Deine Beine sind gerade, die Knie durchgedrückt. Spüre deine Hüftmuskulatur und spanne sie leicht an, sodass sich die Wirbelsäule aufrichtet und in die Länge zieht. Den Bauch kannst du dafür ein wenig einziehen und den Nabel Richtung Wirbelsäule bringen. Auch dein Nacken ist gerade, dein Blick nach vorne gerichtet. Hier kannst du einen Punkt in Augenhöhe fixieren. Deine Kinnunterseite verläuft parallel zum Boden.
3. Deine Arme sind entspannt, die Handflächen liegen an den Seiten deiner Oberschenkel auf. Du kannst mit einer Einatmung deine Schultern Richtung Ohren ziehen und bei der Ausatmung nach hinten rollend absenken, sodass

sich dein Brustkorb öffnet und die Schultern entspannt sind.
4. Lasse nun den Atem durch deinen Körper fließen und visualisiere innerlich diesen Berg, der stark und groß inmitten einer Landschaft steht. Spüre, welche Ruhe er ausstrahlt und wie er gleichzeitig in seiner vollen Kraft ist. Spanne deine Muskeln nicht an, um stabil zu stehen wie ein Berg, sondern spiele mit den Schwankungen, die dein Körper vielleicht zeigt. Gleiche sie aus und bleibe aufgerichtet, körperlich sowie innerlich geistig.
5. Halte diese Asana nur so lange du kannst und sie sich angenehm für dich anfühlt. Du kannst dich im Anschluss kurz auf den Rücken legen, die Augen schließen und dieser Yogaübung nachspüren. Vielleicht bemerkst du, wie diese erdende Energie über deine Fußsohlen in dein Wurzelchakra fließt und von dort aus weiter aufsteigen möchte.

Die stehende Vorwärtsbeuge - Uttanasana

Die stehende Vorwärtsbeuge verbessert ebenfalls die Haltung und lässt Becken, Hüfte und Wirbelsäule bei regelmäßiger Übung flexibler werden. Deine Oberschenkel und Knie werden mit der Zeit kräftiger, eventuelle Verspannungen in Rücken und Nacken lösen sich. Dein Kopf hängt in dieser Yogahaltung nach unten, sodass frisches Blut dein Gehirn mit Sauerstoff versorgt. Diese Körperhaltung sollte für dich belebend und angenehm sein. Kontaktiere entsprechend einen Arzt oder Heilpraktiker, sollte dies nicht der Fall sein.

1. Beginne zunächst mit der stehenden Berghaltung und komme auf deiner Unterlage an. Verteile wieder, wie bereits geübt, dein Gewicht auf die drei Kontaktpunkte deiner Füße.

2. Atme tief in den Bauch ein, strecke die Arme dabei nach oben und beuge dich bei der Ausatmung aus der Hüfte heraus über deine Beine. Dein Oberkörper hängt nun entspannt nach unten. Deine Hände können dabei den Boden berühren, in der Luft locker hängen bleiben oder auf deinen Beinen aufliegen.
3. Bei dieser Übung solltest du keine Spannung im Rücken verspüren, in den Beinen darfst du die Dehnung spüren. Sollte sie jedoch zu stark sein, winkle die Knie leicht an. Stabilisiere deinen Stand mit der Einatmung und verlängere entspannt deinen Oberkörper mit der Ausatmung.
4. Dein Kopf und Nacken hängen locker nach unten, sodass sich dein Schulter- und Halsbereich durch das Eigengewicht deines Kopfes dehnen kann. Jegliche Anzeichen von Rücken- oder Nackenschmerzen, Schwindel oder Druckgefühl in dieser Haltung solltest du medizinisch abklären lassen.
5. Atme in dieser Haltung tief und gleichmäßig und bleibe nur solange in der Übung, wie sie sich gut für dich anfühlt. Sie sollte dich beruhigen und stressreduzierend wirken.
6. Zum Verlassen der Asana atme tief ein, stütze deine Hände in die Hüften und komme mit geradem Rücken nach oben. Bleibe hier noch kurz in der stehenden Berghaltung, um nachzuspüren. Sollte es dir angenehmer sein, kannst du dich zur Entspannung flach auf den Rücken legen, die Arme und Beine etwas vom Körper entfernt.

Der Schmetterling - Bhadrasana

Diese Yogaübung kann dir helfen, die Hüftflexibilität zu erhöhen, was auch für das Sitzen im Meditationssitz mit gekreuzten Beinen hilfreich ist. Der Schmetterling ist eine wunderschöne Übung zur Harmonisierung deines Wurzelchakras, denn sie hilft, energetische Blockaden im Beckenbodenbereich zu lösen. So wie der Schmetterling sich mit Leichtigkeit in der Luft fortbewegt, kann dir das Üben dieser Haltung auch geistig das Gefühl von Leichtigkeit vermitteln, denn gerade diese fehlt oft bei einem unausgeglichenen Wurzelchakra. Auch hier ist es sehr schön, in der Natur zu praktizieren, da dein erstes Chakra dadurch in unmittelbaren Kontakt mit der Erdenergie kommen kann.

1. Setze dich für den Schmetterling auf den Boden, sodass dein Gesäß direkten Kontakt mit der Sitzfläche hat. Deine Beine sind gerade nach vorne ausgestreckt, der Rücken ist gerade aufgerichtet. Atme hier zunächst tief ein und aus, um in dieser Position anzukommen.
2. Beuge bei der nächsten Einatmung die Beine und lasse die Knie bei der Ausatmung nach außen fallen. Die Fußsohlen berühren sich. Deine Hände umfassen jetzt deine Füße, sodass du sie näher Richtung Becken heranziehen kannst. Gehe dabei langsam und achtsam vor und stoppe an dem Punkt, an dem die Dehnung für dich spürbar, aber niemals schmerzhaft ist.
3. Atme tief ein und aus. Du kannst die Augen schließen und die Dehnung in deiner Hüfte spüren. Lenke deinen Fokus danach auf dein Steißbein, den Kontakt deines Wurzelchakras mit dem Boden. Was kann dein innerer Beobachter dort wahrnehmen?
4. Um die Energie in deiner Leistengegend und deinem Becken noch mehr zum Fließen zu bringen, kannst du die Knie nach oben und nach unten bewegen und somit den Flügelschlag des Schmetterlings nachempfinden. Diese aktiv durchgeführte Asana kann mit geschlossenen Augen auch eine wunderschöne innere Reise sein, die dich durch fantasievolle Welten führt.

5. Solltest du deinen Rücken nur mit Mühe stabil und aufrecht halten können, lehne dich an einer Wand an und spüre die Dehnung in deiner Hüfte und deinen Beinen.
6. Wenn die Dehnung für dich zu stark ist, kannst du dir Kissen oder andere Unterlagen bereitlegen und deine Knie dadurch unterstützen. Lagere sie dadurch höher, sodass es für dich entspannend und bequem ist und genieße die Haltung mit geschlossenen Augen und einem tiefen Atem.
7. Beende die Yogaübung für dein Wurzelchakra nach deiner Zeit, in deinem Tempo und spüre in der Rückenentspannungslage nach.
8. Als Variation kannst du auch den liegenden Schmetterling praktizieren. Die Fußsohlen bleiben dabei aneinandergelegt und du legst den Rücken nach hinten auf den Boden ab. Diese restorative Yogahaltung kann, mit unterstützenden Kissen unter dem Rücken und evtl. auch unter den Knien, sehr beruhigend und ausgleichend wirken.

Das Sakralchakra – Swadisthana Chakra

Bei der Reise durch dein Energiesystem bist du nun beim zweiten Chakra, dem Sakralchakra, angelangt. Es befindet sich oberhalb der Geschlechtsorgane und steht für die Freude im Leben. Wer schon einmal die pure Lebensfreude gespürt hat, möchte sie am liebsten für immer festhalten, so erfüllend und beglückend ist sie. Gehe also in diesem Kapitel auf die Suche, um diese Energie zu aktivieren und zu stärken.

Verortung und Grundthema

Dein Sakralchakra, oder oft auch Sexualchakra genannt, befindet sich in dem Bereich zwischen den Geschlechtsorganen und dem Bauchnabel und wird in einem leuchtenden Orange dargestellt. Hier sitzt die Lebenskraft eines Menschen, die sich in seinem Leben auf verschiedene Weise entfalten darf. Bereits im Bauch der Mutter wurde der Mensch über die Nabelschnur mit Lebensenergie versorgt und durfte nach der Geburt erfahren, wie es ist, nun selbst dafür Verantwortung zu tragen, die Lebensenergie aufrechtzuerhalten.

Diese Energie befähigt dich, schöpferisch in dieser Welt tätig zu werden und dich aktiv einzubringen. Menschen, als Erdenbewohner, haben ein tiefes Bedürfnis, diese mitzugestalten durch deren individuellen Ausdruck, z. B. in Form von Kreativität, Naturerfahrungen, experimentieren, spielen und Fortpflanzung. So ist das Hauptthema des zweiten Chakras die sinnliche Wahrnehmung, die ein Mensch auch wieder auf seine Weise ausdrücken möchte. Es ist die kindliche Lust am Spiel und Ausprobieren, die diese Lebensenergie des zweiten Chakras am besten verdeutlichen kann. Hier zeigt sich der Genuss des Lernens, des Erfahrungen Machens und die pure Freude am Sein.

Einwirkung auf den Lebensweg

Das unausgeglichene Sakralchakra

Die Energie des Sakralchakras ist die pure Lebensfreude. Die freie Entfaltung des eigenen Selbst steht im Mittelpunkt und führt zu einem unausgeglichenen zweiten Chakra, wenn genau diese Freiheit eingeschränkt oder blockiert wird. Unterschiedliche Ereignisse im Leben können dazu führen, dass dieser sinnliche, kreative, fröhliche Energiestrom nicht mehr in seiner vollen Kraft ist. In diesem Energierad befindet sich der Ort der Gefühle, Wertevorstellungen und individueller Weltanschauungen. Es erwacht in einer Altersphase zwischen 7 und 14 Jahren, in der der Mensch neugierig und forschend das Leben in all seinen Facetten entdecken will. Immer mehr wurde dem Menschen dabei bewusst, dass er schöpferischen Anteil an dieser Welt hat und sich mitgestaltend einbringen soll. Dieses Gefühl, das schöpferische Potential zu entfalten und die eigene Entwicklung frei und voller Genuss zu erleben, kann von außen so sehr gestört werden, dass sogar Traumata und Blockaden entstehen können, die den Menschen von dieser Lebensenergie abgeschnitten haben.

Dogmen, Regeln, der moralische Zeigefinger und religiöse Ansichten, die durch die Umwelt vermittelt oder sogar zwanghaft auferlegt werden, können dazu führen, dass die Sakralchakraenergie aus Angst und Scham unterdrückt wird, weil sie nicht in diese Konzepte passt. Doch wenn die pure Freude am Leben nicht mehr ungehindert erlebt wird, beginnt die Suche nach Befriedigung dieser Sehnsucht und führt den Menschen immer mehr von sich weg. Das Gefühl der Leblosigkeit kann sogar in Furcht, Verweigerung, Langeweile, Sinnlosigkeit, Traurigkeit, Niedergeschlagenheit bis hin in eine Depression führen.

Eine Suche beginnt, um diese innere Leere wieder zu füllen. Suchtverhalten, wie z. B. Drogenkonsum, übermäßiges Essen und generelles Konsumieren zur Befriedigung, rühren daher, die unterdrückte Lebenskraft wieder finden zu wollen. Für einen Moment geben diese Dinge das Gefühl der Lebendigkeit, doch sie kommt nicht aus der Tiefe des Herzens, sodass jene extern zugeführte Energie immer wieder in erneutes Verlangen führt. Sie tarnt sich als gekannte Lebensenergie, aber entpuppt sich als Fremdenergie, die nur von außen stimuliert. Wer einmal das Gefühl von Freude und Glück gekostet hat, möchte sie immer wieder spüren und wiederholen, doch führt sie Menschen so in eine Abhängigkeit von äußeren Stimulanzien, oder starren dogmatischen Konzepten.

Wenn das Sakralchakra nicht im Gleichgewicht ist, fällt es schwer, anderen zu vertrauen und Liebe zu schenken. Das kann auch die Liebe zu sich selbst betreffen. Die Furcht vor Zurückweisung und Verletzung ist einfach zu groß, sodass die Lebensenergie gezielt zurückgehalten wird - aus Angst, jemand könnte sie als unpassend, falsch oder sogar schmutzig bewerten. Gerade in den Bereichen Kreativität und Sexualität entstehen viele Hemmnisse, wenn in der Vergangenheit Ablehnung zu Blockaden geführt hat.

Wenn du aus der Energie deines Sakralchakras deine Lebensenergie schöpferisch eingebringst, ist das dein Selbst, das sich entwickeln und zeigen möchte. Negative Reaktionen haben daher zur Folge, dass sich die Person als Ganzes abgelehnt fühlt und nicht mehr bereit ist, sich anderen zu öffnen. Während das Wurzelchakra vor allem den Schutz der körperlichen Unversehrtheit anspricht, zielt hier das Sakralchakra auf den Schutz der eigenen Gefühle, die durch verschiedene soziale Interaktionen und Ereignisse bedroht werden könnten.

Das ausgeglichene Sakralchakra

Als Kinder spürten die Menschen die Freude aus sich heraus und voller Neugierde betraten sie diese Welt. Das Leben ist und bleibt ein Abenteuer und fordert jeden auf, immer wieder mitzuschwimmen in diesem immerwährenden Fluss der Erfahrungen. Ein Sakralchakra, das ausgeglichen in seiner Kraft ist, lässt den Menschen die Lebensenergie zu jeder Zeit spüren, wodurch er diese Freude in sich trägt und nicht länger abhängig von äußeren Reizen ist.

Menschen mit einem ausgeglichenen Sakralchakra sind nicht mehr gefangen in jener Illusion, dass Genuss glücklich macht. Vielmehr fühlen sie sich stabil und konstant in einem positiven Gemütszustand, natürlich und frei aus sich selbst heraus. Das schließt nicht aus, dass ihnen das Leben manchmal schmerzhafte Ereignisse beschert, die sie erschüttern lassen, sie mit Emotionen, wie Angst, Schmerz und Traurigkeit, konfrontieren. Ein starkes Sakralchakra befähigt jedoch dazu, Verletzungen wieder zu heilen und ohne Angst vor weiteren Wunden mutig und stabil den Lebensweg zu beschreiten, weil alle Erfahrungen willkommen geheißen werden können. Die innere Freude ist nicht gekoppelt an Personen, Dinge oder Situationen, sondern herrscht grundlos vor.

Vielleicht kennst du Personen in deinem Umfeld oder hast diese Eigenschaft bei dir selbst erkannt, dass ein kreativer, schöpferischer Ausdruck zwar verwirklicht wird, dieser jedoch als Grund die Selbstbestätigung und Anerkennung durch andere zum Zwecke hat. Doch die Energie des Sakralchakras in ihrer Ausgeglichenheit versteht den schöpferischen Ausdruck als uneigennützige Teilhabe am Leben auf dieser Erde. Jeder einzelne Mensch trägt seinen Teil dazu bei, diese mitzugestalten, indem er sein schöpferisches Potential nutzt - aus der inneren Freude am Spielen, Lernen und Erfahren. Geld, Anerkennung, Zugehörigkeit und Status wären keine Anreize, die den Menschen antreiben. Es geht vielmehr darum, zu spüren, ein Teil des Ganzen zu sein.

Übungen zur Harmonisierung des Sakralchakras

Die Harmonisierung eines Chakras bedeutet, dass dessen Themen und ihre entsprechenden Energien in einem ausgeglichenen Verhältnis zueinander stehen. Es geht also darum, dass du jene Ausgewogenheit förderst, indem du dich mit dem Energierad auseinandersetzt und die Regulation mithilfe entsprechender Übungen unterstützt. Wie so oft ist es der Weg der Mitte, der die Kraft hat, auch unterschiedliche Aspekte zu vereinen und jedem Thema einen Raum zu geben. In Bezug auf das Sakralchakra bedeutet dies, dass es für dich sehr wichtig sein kann, deinen allgemeinen Lebensstil auf eventuelle Extreme zu untersuchen. Harmonie bedeutet, mäßige Stimulation statt exzessiver Reizüberflutung. Arbeit, Sport, Essen, Erholung, Genuss, soziale Kontakte und kreativer Ausdruck finden ihren Platz in deinem Leben als ein Zusammenspiel, anstatt als einseitige Energiespender oder –räuber ihre Momente zu haben.

Beginne damit, herauszufinden, wie du für dich das richtige Maß finden kannst und wie du jene Energien in Ausgleich bringst. Das stellt die Basis deines Lebens dar und erfreut dein Sakralchakra, aber auch dein Wurzelchakra, das ebenso nach Stabilität und Harmonie strebt. Zusätzlich braucht das zweite Chakra auch hin und wieder ein Abenteuer, das seine Spiellust befriedigt. Gibt es Dinge, die du vielleicht neu erlernen möchtest? Oder hast du den Wunsch, eine neue Stadt oder ein neues Land zu erkunden? Solche kleinen Abenteuer helfen dir, auch zwischen Stabilität und dem Ungewissen eine Brücke zu bauen und beidem ihren Platz in deinem Leben zu geben.

Man kann sagen, die Hauptfrage für dich hier lautet: Wie kannst du zu jedem Ereignis in deinem Leben einen harmonisierenden Gegenpol schaffen, sodass keine einseitigen Extreme entstehen? Ein typisches Beispiel hierfür ist die Work-Life-Balance, ein Begriff, der in der modernen Gesellschaft immer öfter in Erscheinung tritt. Um ein Gleichgewicht zwischen Arbeitszeit und Freizeit herzustellen, ist eine entscheidende Sache wichtig: Prioritäten setzen. Und genau darum geht es in dem Prozess der Harmonisierung deines Sakralchakras. Werde dir deiner Prioritäten bewusst, sodass du Schritt für Schritt Gegenpole setzt und das Spannungsfeld zwischen Unter- und Überforderung, Ent- und Belastung sowie Ent- und Anspannung zu beherrschen verstehst. Die folgenden Reflexionsfragen möchten dir dabei helfen, zu reflektieren, in welchen Bereichen deines Lebens du mehr Harmonie kultivieren solltest.

Reflexionsfragen zu deinem Sakralchakra

1. Wie zufrieden bin ich mit meinem Ernährungsstil?
2. Esse ich regelmäßig und das Richtige, um meinen Körper optimal mit Nährstoffen und Energie zu versorgen?
3. Habe ich oft Gelüste nach bestimmten Lebensmitteln und gebe ich diesen nach?
4. Gibt es Bereiche, wie z. B. Sexualität, Essen oder Konsum, in denen ich Zwangs- oder Suchtverhalten zeige?
5. Begehe ich meinen Alltag mit Lebensfreude oder erledige ich alles, weil ich es muss?
6. Habe ich täglich genug Kraft und Energie, um meinen Alltag zu meistern?
7. Bin ich neugierig und experimentierfreudig? Wenn ja: In welchen Bereichen meines Lebens?
8. Wie würde ich leben, wenn ich mich an keine Regeln oder andere Einschränkungen halten müsste?
9. Wie viel Raum hat Kreativität in meinem Leben und wie drücke ich sie am liebsten aus?
10. Lasse ich meine Ideen sprudeln und setze sie um, oder hemmt mich die Bewertung durch andere?
11. Wie wichtig ist ein erfülltes Sexualleben für mich?
12. Wie aufgeschlossen bin ich neuen Erfahrungen gegenüber?
13. Lebe ich meine Abenteuerlust und Neugierde aus?
14. Welche Situationen erzeugen in mir einen Nervenkitzel?
15. Vermeide ich bestimmte Dinge aus Furcht, oder gehe ich sie trotzdem an?
16. Lasse ich meinen Emotionen freien Lauf oder unterdrücke ich sie?

Meditation für das Sakralchakra

Diese Meditation für das Sakralchakra ist eine dynamische Form, die deine Energie im Beckenbereich zum Fließen bringt. Das zweite Chakra wird dem Element Wasser zugeordnet und ist organisch gesehen den Nieren, der Blase und den Geschlechtsorgangen zugeordnet. So beeinflusst dieses orangefarbene Energierad all die Körperflüssigkeiten, wie z. B. Blut, Schweiß oder Tränen. Es liebt die sinnliche Auseinandersetzung mit dem Leben, weswegen ein meditatives Einfühlen in den Beckenbereich auf dieses Chakra sehr stärkend und harmonisierend wirken kann.

Bereite dich auf diese Meditation vor, indem du bequeme Kleidung trägst, sowie deinen Raum lüftest und mit frischem Sauerstoff füllst. Die Übung sollte barfuß durchgeführt werden, daher kann eine Yogamatte oder Decke als Unterlage sehr angenehm sein. Wenn du magst, arbeite mit stimulierenden Duftölen, wie Jasmin, Ylang-Ylang, Vanille oder Räuchermischungen mit Rosenblättern, Sandelholz oder Orangenschalen. Du kannst die Meditation im Stillen vollziehen und dich vollkommen auf die Bewegung und deine Chakraenergie fokussieren. Es wäre jedoch auch möglich, eine Musik für dich auszuwählen, die deine Lust zur Bewegung unterstützt. Wie bei jeder Meditation gilt, dass du vorher mögliche Störquellen ausschalten solltest, sodass du diese Zeit wirklich für dich reservierst und deinem Sakralchakra deine volle Aufmerksamkeit widmen kannst.

1. Stelle dich auf deine Unterlage, sobald du alle Vorbereitungen getroffen hast. Du kannst zunächst die Augen schließen und durch eine bewusste Bauchatmung in dieser stehenden Haltung ankommen. Spüre deine Füße, wie sie den Boden berühren. Wandere mit deiner Aufmerk-

samkeit die Beine entlang nach oben. Wie stabil ist dein Stand hier? Kannst du ihn durch kleine Bewegungen des Beckens noch mehr stabilisieren? Deine Wirbelsäule ist aufgerichtet, die Arme liegen entspannt am Körper an.
2. Fühle dich jetzt in dein Sakralchakra ein, du kannst dir in deinem Beckenbereich zwischen Geschlechtsorganen und Bauchnabel eine orangefarbene Sonne vorstellen, die dort hell leuchtet und lebendig pulsiert. Nimm dir zunächst die Zeit, diesen Kontakt aufzubauen und wertfrei zu spüren. Wenn Gedanken kommen, nimm sie zur Kenntnis, aber schicke sie weiter ohne Anhaftung. Lasse sie kommen und gleich wieder gehen, jetzt ist nicht die Zeit, sich intensiv mit ihnen auseinanderzusetzen. Bleibe in diesem Zustand, solange es sich für dich stimmig anfühlt.
3. Sobald du den Impuls verspürst, dich bewegen zu wollen, folge diesem. Beginne mit kleinen Kreisbewegungen deines Beckens in eine Richtung deiner Wahl. Du kannst deine Hände dafür auf die Hüften stützen oder die Arme locker hängen lassen. Deine Augen können weiterhin geschlossen bleiben oder leicht geöffnet, falls es dir mehr Stabilität in deiner Bewegung bringt. Mit der Zeit kannst du deine Beckenkreise größer werden lassen oder auch einmal die Richtung wechseln. Finde immer mehr in deinen ganz persönlichen Rhythmus oder orientiere dich am Rhythmus deiner Musik, solltest du diese Variante gewählt haben. Hingabe an das Leben ist ein wichtiger Aspekt der Energie im Sakralchakra. Spüre diese Energie und gib dich deinen Bewegungen hin, solange du sie genießt und es dir guttut.
4. Finde einen bewussten Abschluss deiner Meditation, z. B. durch eine bewusste Bauchatmung, ein Signal oder das Beenden der Bewegung und der Musik. Halte inne mit geschlossenen Augen und spüre nach. Kannst du die Le-

bendigkeit in deinem Schoß wahrnehmen? Stelle dir vor, wie sich diese Energie nach allen Seiten ausbreitet und so auch alle anderen Chakren mit dieser stärkenden Kraft versorgt.
5. Wiederhole diese Meditation am besten regelmäßig und reflektiere, welche Veränderungen du in deinem Körper und/oder in deinen Emotionen feststellen kannst. Ein kleines Tagebuch für Notizen kann hierbei sehr hilfreich sein.
6. Da das Sakralchakra mit dem Element Wasser assoziiert wird, möchtest du es sicher in seiner Aktivität und Harmonisierung auch dadurch unterstützen, dass du in regelmäßigen Abständen genügend Wasser oder Tee trinkst, um die Körperflüssigkeiten im Fluss zu halten.
7. Als Variation kannst du diese Form der Meditation auch sitzend durchführen, z. B. im Schneidersitz. Diese Übung wird in der Yogapraxis auch als „Sufikreise" bezeichnet. Deine Hände liegen dabei entspannt auf den Oberschenkeln und du lässt dein Becken sitzend kreisen.

Yogaübungen für das Sakralchakra

Besonders stärkende Yogaübungen sind Körperhaltungen (Asanas), welche auf den Beckenbereich und den unteren Bereich der Wirbelsäule wirken. Insbesondere auf körperlicher Ebene können dir Schmerzen im unteren Rücken, bei Frauen starke Menstruationsbeschwerden oder Harnwegs-, Blasen- und Nierenprobleme Hinweise darauf geben, dass dein Sakralchakra im Ungleichgewicht ist. Wie für alle Yogaübungen gilt, dass sie niemals Schmerzen oder Unwohlsein verursachen dürfen und du bei Gegenanzeigen einen Arzt oder Heilpraktiker kontaktieren solltest. Auch eine erfahrene Yogalehrerin/ein erfahrener Yogalehrer können dir dabei helfen, die Yogaübungen korrekt auszuführen.

Grundsätzlich sind dem Sakralchakra vor allem hüftöffnende Asanas sehr zuträglich. Auch die Yogaübung „der Schmetterling", welche du bereits für das Wurzelchakra kennengelernt hast, wirkt harmonisierend auf dein Sakralchakra. Bereite dich, wie bereits erläutert, entsprechend für deine Yogaübungen vor (bequeme Kleidung, passende Unterlage etc.).

Die tiefe Hocke - Malasana

Diese Yogaübung hilft dir dabei, deine Fußgelenke zu stärken, deine Hüfte zu öffnen und deinen unteren Rücken zu entspannen. Auch regt diese Position die Verdauung an und bringt so die Körperflüssigkeiten, die eben auch mit dem Sakralchakra in Verbindung gebracht werden, in Bewegung. Du solltest diese Asana nicht üben, wenn du Knieprobleme, Verletzungen der Fußknöchel oder Schmerzen im unteren Rücken hast.

1. Stelle dich barfuß auf deine Unterlage und bringe die Füße hüftbreit auseinander. Du kannst deine Hände in Gebetshaltung vor dem Herzen aneinanderlegen. Schließe zunächst die Augen und nimm Verbindung auf zu deinem Sakralchakra. Dies kannst du durch eine tiefe Bauchatmung machen und/oder auch mithilfe von Visualisierung einer orangefarbenen Sonne unterhalb deines Nabels. Atme ein paar Mal tief ein und aus, um wirklich bei dir ankommen zu können.
2. Öffne die Augen und begib dich mit der nächsten Ausatmung in eine tiefe Hocke. Du kannst die Füße noch weiter auseinanderstellen und die Knie zur Seite bringen. Passe deine Hockstellung achtsam und mit ruhigen Bewegun-

gen an. Deine Fußsohlen sollten flach auf dem Boden aufliegen.
3. Manchmal kann es vorkommen, dass du das Gleichgewicht noch nicht halten kannst oder das Ablegen der Fußsohlen nicht möglich ist. Eine zusammengerollte Decke kann dir unter deinen Fersen helfen, deine Hocke zu stabilisieren.
4. Wenn es dir möglich ist, bringe mit gefalteten Händen deine Ellenbogen von innen an deine Knie und drücke sie dadurch noch etwas mehr auseinander. Du kannst so selbst regulieren, wie stark deine Hüftöffnung sein soll.
5. Achte nun bewusst auf deinen Oberkörper und richte ihn soweit es geht auf, damit der Rücken gerade wird. Dein Blick geht nach vorne.
6. Lass dein Becken immer mehr nach unten absinken und entspanne in dieser Haltung hinein in deinen unteren Rücken. Eine tiefe und bewusste Bauchatmung kann die Entspannung und Dehnung noch verstärken.
7. Bleibe hier nur so lange, wie sich die Dehnung angenehm anfühlt. Verlasse die Position langsam mit einer tiefen Einatmung, indem du dich vorsichtig nach hinten absetzt. Jetzt kannst du dich auf den Rücken legen und entspannen. Spüre dabei wieder in dein Sakralchakra und lasse bewusst jegliche Anspannung in deinem Körper los.
8. Da Hockstellungen generell sehr aktivierend für dein zweites Chakra sind, kannst du diese auch variieren und individuell anpassen. Du könntest z. B. auch eine tiefe Hocke einnehmen und deine Arme und deinen Oberkörper zwischen den Beinen nach unten absinken lassen. Probiere aus, welche Hocke für dich angenehm ist. Hockpositionen lassen sich auch immer wieder gut in den Alltag integrieren und sollten zum Schutz des Rückens genutzt werden, wenn man Gegenstände vom Boden aufheben möchte.

Die Vorwärtsbeuge - Paschimottanasana

Die Vorwärtsbeuge ist eine energetisch sehr wirksame Yogahaltung für dein Sakralchakra, da sie hilft, den Hauptenergiekanal in deiner Wirbelsäule (Sushumna Nadi) zu öffnen. Diese Wirkung entfaltet sich vor allem, wenn sie für einen längeren Zeitraum gehalten wird. Diese Asana ist eine Haltung der Hingabe an das Leben und lehrt den Menschen in Geduld. Auch hier werden die Verdauungssäfte und das Drüsensystem aktiviert und harmonisiert. Sie hilft dabei, deine Beine flexibler werden zu lassen und deine Wirbelsäule elastisch zu halten. Solltest du Beschwerden im Rücken oder den Beinen haben, kannst du sanftere Varianten der Dehnung wählen und die Zeitspanne kürzen. Es geht nicht darum, sich aktiv in diese Haltung zu ziehen oder von jemanden drücken zu lassen. Sie lehrt dich, geduldig abwartend, mit regelmäßiger Übung, immer tiefer in sie eintauchen zu können und loszulassen, dich hinzugeben.

1. Setze dich auf deine Unterlage, strecke die Beine gerade nach vorne aus und ziehe deine Zehen leicht zu dir. Deine Fußinnenkanten berühren sich, dein Oberkörper ist aufgerichtet. Du kannst zunächst mit den Händen dein Sitzfleisch etwas nach hinten ziehen, damit deine Sitzhöcker mehr Kontakt zum Boden haben.
2. Unterstützend kannst du deine Fingerspitzen oder Handflächen neben dem Oberkörper auf dem Boden aufstellen, um so deinen Oberkörper noch gerader aufzurichten, dich zu strecken (Stock- oder Stabhaltung – Dandasana). Finde auch hier zunächst zu einer tiefen und beruhigenden Bauchatmung.
3. Wenn du dich bereit fühlst, bringe deine Arme ausgestreckt nach oben, die Fingerspitzen zeigen in Richtung Himmel.

4. Mit der nächsten Ausatmung beugst du dich aus dem Becken heraus über deine Beine. Die Dehnung in den Beinen darfst du spüren, dein Rücken sollte zu jeder Zeit gerade und entspannt sein und niemals schmerzen. Lege die Hände entweder auf den Beinen ab oder greife von oben über die Fußzehen. Ziehe dich aber bitte nicht in die Yogahaltung.
5. Bei jeder tiefen Einatmung kannst du deinen Rücken weiter verlängern und dich bei der Ausatmung über deine Beine absenken lassen. Solltest du sehr flexibel sein und deinen Oberkörper komplett ablegen können, ruht deine Stirn auf den Knien. Ansonsten achtest du darauf, dass dein Kopf in Verlängerung deines Nackens ist.
6. Schließe deine Augen und fokussiere dich auf die tiefe Atmung. Es geht darum, loszulassen und dich hinzugeben. Dies kannst du durch deine bewusste Ein- und Ausatmung, vorzugsweise durch die Nase, noch verstärken. Bleibe so lange in der Haltung, wie sie sich angenehm anfühlt.
7. Du verlässt die Vorwärtsbeuge, indem du einatmend die Arme nach oben streckst und dich mit geradem Rücken aufrichtest. Im Anschluss kannst du wieder in der Rückenentspannungslage nachspüren.
8. Als Variation kannst du die Vorwärtsbeuge auch stehend üben, wie bei den Yogaübungen für das Wurzelchakra beschrieben. Ein Gurt oder ein Schal kann dir in der sitzenden Haltung helfen, deine Füße zu greifen. Eine weitere Variation wäre auch, die Beine senkrecht nach oben zu strecken, während du auf deinem Rücken liegst. Dabei ist ein Gurt oder Schal um die Füße gelegt, sodass du deine Beine gestreckt zu dir heranziehen kannst. Zur Vorbereitung kannst du diese Übung auch erst abwechselnd mit den einzelnen Beinen machen.

Katze-Kuh - Marjaryasana-Bidalasana

Die fließende Yogaübung Katze-Kuh bringt auch deine Energien in Bewegung und aktiviert so das Sakralchakra. Sie hilft dir, deine Wirbelsäule geschmeidig zu halten und massiert deine Bauchorgane. Koordiniert mit einer bewussten Ein- und Ausatmung fördert sie zudem deine Aufmerksamkeit und Konzentration. Langsam und sanft ausgeführt wirkt diese Yogaübung sehr beruhigend. Da es sich hierbei um eine kniende Asana handelt, solltest du bei Knieproblemen Vorsichtsmaßnahmen treffen und eventuell ein Kissen, eine gefaltete Decke unterlegen oder die beschriebene Variation üben.

1. Begib dich auf deine Unterlage und komme in den Vierfüßlerstand. Deine Hände berühren den Boden unterhalb deiner Schultern, deine Knie befinden sich unter deiner Hüfte. Atme tief ein und wieder aus, sodass sich dein Körper zunächst in dieser Position entspannen kann.
2. Mit einer Einatmung beginnst du, vom unteren Ende der Wirbelsäule aus in ein Hohlkreuz zu kommen, dein Blick geht nach oben und deine Brust weitet sich. Bleibe kurz hier und atme ein paar Mal hinein in deinen Bauch, der hier entspannt und locker sein darf. Jetzt befindest du dich in der Kuh-Position.
3. Mit der nächsten Ausatmung kommst du in die Gegenposition, die Katze. Beginne vom unteren Rücken her langsam einen Katzenbuckel zu formen. Mach deinen Rücken rund, ganz genüsslich wie eine Katze. Dein Blick geht in Richtung Nabel, welchen du leicht Richtung Wirbelsäule einziehst. Wenn du deine Hände in den Boden drückst, kannst du noch mehr Raum zwischen deinen Schulterblättern entstehen lassen.

4. In deinem eigenen Atemrhythmus kannst du abwechselnd die Katze-Kuh-Position üben, bis du das Gefühl hast, dass sich deine Wirbelsäule locker und geschmeidig bewegt.
5. Du kannst dich in dieser aktiven Yogaübung mit geschlossenen Augen auf dein Sakralchakra konzentrieren und so noch intensiver damit verbinden.
6. Solltest du Schwierigkeiten haben, dich auf den Boden zu knien, kannst du die Katze-Kuh-Übung auch sitzend auf einem Stuhl vollziehen. Deine Hände liegen dabei locker auf deinen Oberschenkeln und du beginnst abwechselnd, im Rhythmus deines Atems, die Wirbelsäule zu runden und wieder in ein Hohlkreuz zu bringen.
7. Wenn dir die kniende Variante zusagt, kannst du als Variation auch dein Becken mit einbeziehen und entsprechend der Wirbelsäulenbewegung mitkreisen lassen.

Das Solarplexuschakra – Manipura Chakra

Wie eine strahlende gelbe Sonne begegnest du nun dem dritten Chakra, das eine zentrale Aufgabe hat, wenn es darum geht, Lebensenergien aufzunehmen, weiter zu verteilen und dich gleichzeitig vor schädlichen Energien aus dem Außen zu schützen. Wie das Symbol der Sonne schon zeigt, ist dieses Chakra voller Power und Durchsetzungskraft. In diesem Kapitel kannst du also herausfinden, wie viel Stärke in dir steckt und wie du sie für dich machtvoll einsetzen kannst.

Verortung und Grundthema

Das dritte Chakra befindet sich zwischen dem Bauchnabel und dem Solarplexus, also auf der Höhe der Verdauungsorgane. So ist es naheliegend, dass dieses Energierad nicht nur physisch mit der Verdauung in Zusammenhang gebracht werden kann, sondern auch dazu beiträgt, emotionale und psychische Kost zu verdauen. Besonders Erinnerungen und Erfahrungen aus der Kindheit können dich in der Vergangenheit festhalten und erschweren, dass du dich entwickelst. Ein starkes Solarplexuschakra hilft, all diese Eindrücke zu verarbeiten und zu integrieren, um gestärkter und weiser daraus hervorzugehen und sich der eigenen Persönlichkeit, dem eigenen Ich, bewusst zu sein. Die intensive Auseinandersetzung mit diesem Chakra kann daher sehr viel dazu beitragen, Unverarbeitetes und Unterdrücktes in Heilung zu bringen.

Zusammen mit dem Wurzel- und dem Sakralchakra bildet das dritte Chakra eine wichtige Basis, die dir hilft, dein Leben mit körperlicher und seelischer Stärke und Balance zu führen. Der Zustand dieser drei Chakren zeigt dir, mit wie viel Ausdauer und Widerstandsfähigkeit du die verschiedenen Situationen in deinem Leben meistern kannst. Jede energetische Arbeit sollte daher von der Wurzel her aufgebaut werden, um ein stabiles Fundament zu errichten. Je mehr innere Stabilität du hast, desto besser kannst du in deinem Leben und in Beziehungen handeln. Das Grundthema des Solarplexuschakras ist die Stärke des eigenen Ichs, dem Ego. Seine Power entscheidet darüber, wie selbstbewusst ein Mensch ist, wie viel Wille er einsetzt, wie viel Macht er generiert, um bestimmte Ziele erreichen zu können und wie standhaft er seine eigene Meinung nach außen hin vertritt, ohne sich von anderen beeinflussen zu lassen.

Da sich dieses Chakra in der Jugendphase zur Blüte erhebt, können verschiedenste Einflüsse aus dieser Zeit sehr prägend für die eigene Individualität gewesen sein. Wenn du dich an deine Jugendzeit zurückerinnerst, kannst du wahrscheinlich bestätigen, dass dies eine sehr intensive und wichtige Zeit der Selbstfindung war. Denn hier hast du begonnen, dich abzugrenzen von Ansichten, z.B. deiner

Eltern und von Lehrern, um deine eigene Wahrheit zu finden. Auch hast du dir Idole auserkoren, deren Überzeugungen und Lebensstile dich irgendwie anzogen. In der Arbeit mit dem Solarplexuschakra gibt es daher nun die Möglichkeit, all diese Normen und Werte, die du im Laufe dieser Entwicklung gesammelt hast, erneut zu überprüfen und zu erkennen, wer du darunterliegend wirklich bist.

Einwirkung auf den Lebensweg

Das unausgeglichene Solarplexuschakra

Die Emotion „Wut" ist stark verbunden mit einem schwachen Solarplexuschakra, das sich nicht im Gleichgewicht befindet. Denn wenn nichts mehr im Leben geht, die eigene Durchsetzungskraft nicht ausreicht, ist Wut oft der Ausdruck von Verzweiflung und Frust. Menschen mit einem unausgeglichenen dritten Chakra irren meist ziellos durchs Leben und hoffen aber darauf, dass sie irgendwann genug Kraft, Ideen und Energie haben werden, um ihrem Leben Sinn geben zu können. Das macht natürlich auch empfänglich für die Empfehlungen und Ratschläge anderer Personen, wenn selbst nicht klar ist, wohin es gehen soll. Die Meinungen anderer werden wichtiger als die eigenen Wünsche und Bedürfnisse, was zu einem sehr angepassten und leicht manipulierbaren Leben führen kann.

Wenn die Kraft und Energie im Solarplexuschakra fehlen, fällt es schwer, Entscheidungen zu treffen, sich ein klares Urteil zu bilden und die eigenen Grenzen aufzuzeigen. Mit einem schwachen dritten Chakra fehlt der Antrieb, Dinge anzupacken und zu Ende zu bringen, was wiederum zu Frust und Enttäuschung führt, weil man das Gefühl hat, einfach nichts wirklich auf die Reihe zu bringen. Die eigenen Gefühle können so überwältigend sein, da sie in ihrer Intensität nicht verarbeitet werden können, dass sich ein Ungleichgewicht auch in Rückzug, Pragmatismus und Distanziertheit zeigen kann. Da die Kraft des Solarplexuschakras dabei hilft, Vergangenes zu verarbeiten, kann eine Schwäche dazu führen, dass man sich in den Schmerz dieser Erfahrungen zurückzieht und es nie wirklich angeht, ihn zu heilen. Depression und Abgestumpftheit können die Folge sein und dazu führen, dass das Leben nur noch „ertragen" wird.

Im Gegensatz dazu würde eine Überenergie im dritten Chakra dazu führen, dass nur noch der eigene Weg nach oben zählt und die Orientierung nach außen hin sehr stark ist. Es wird alles dafür getan, die eigene Machtposition zu verteidigen und sukzessive zu erhöhen. Das Mitgefühl für andere bleibt dabei auf der Strecke und arrogantes, kritisierendes, herabschauendes Verhalten ist keine Seltenheit. Hier lodert das Feuer von überzogenem Ehrgeiz und Machtstreben sehr stark. Der eigene Perfektionismus lässt einen nie wirklich ankommen, da nichts, was erreicht wurde, wirklich gut genug ist, sodass dieses starke Feuer selbstzerstörerisch wirken kann, anstatt seine Kraft für das Gemeinwohl anderer einzusetzen.

Das ausgeglichene Solarplexuschakra

Grundsätzlich kann man sagen, dass sich ein ausgeglichenes Solarplexuschakra darin äußert, dass ein Mensch stark in sich selbst verankert ist und das Sein nicht über bestimmte Handlungen, Erfolge oder Materialismus definieren muss. Während sich ein unausgeglichenes drittes Chakra überwiegend im Kampfmodus befindet, um die eigene Macht zu sichern oder mit der eigenen Schwäche umzugehen, bestärkt ein harmonisiertes Energierad das Wissen um die eigene Individualität und das entsprechende Ausleben jener. Das Leben wird angenommen wie es kommt und aufgrund der eigenen inneren Stärke immer wieder integriert, mit all den Lernaufgaben und Erfahrungen, die es zu bieten hat.

Hast du bereits Menschen kennengelernt, die sehr authentisch wirken und sich selbst vollkommen natürlich leben? Oder gehörst du auch selbst zu jenen, die für alle Situationen konstruktive Lösungen suchen, ohne sich dabei selbst zu verdrehen und zu sehr anzupassen? Die Wahrscheinlichkeit, dass hier das Solarplexuschakra ausgeglichen ist, ist sehr hoch, denn die eigene Kraft wird zielgerichtet und der Menschheit dienend eigesetzt. Hier zeigt sich auch deutlich der Bezug zum Wurzel- und Sakralchakra, denn die stabilisierende Lebensenergie, die von unten nach oben hin aufsteigt, wird im dritten Chakra zur puren Lebenskraft gewandelt, die das Selbst in vollkommener Authentizität zum Ausdruck bringt. Es gibt keine Abhängigkeiten oder Opferrollen mehr, die einen an den Weisungen und Ratschlägen anderer festhalten lassen, um ein Verständnis dafür zu erhalten, wie man das Leben eigentlich führen sollte. Dieses Wissen fließt dann aus einem selbst heraus, es ist die eigene Lebenswahrheit.

Übungen zur Harmonisierung des Solarplexuschakras

Um dieses gelb leuchtende Energierad im Bereich über dem Bauchnabel zu harmonisieren, braucht es zunächst ein Verständnis über die eigene Kraft und in welcher Weise sie eingesetzt wird. Die Reflexionsfragen werden dir dabei helfen, herauszufinden, in welche Richtung deine Solarplexuschakraenergie eigentlich fließt. Grundsätzlich ist es sehr ratsam, damit zu beginnen, sich immer wieder die Zeit zu nehmen, um nach innen zu blicken und sich selbst kennenzulernen, abseits von Beeinflussung und Konditionierung.

Ein ehrlicher und liebevoller Blick auf dich selbst wird auch aufzeigen, ob du deine Power spüren kannst und wie du sie sinnvoll auf dieser Erde einsetzen kannst. Das bedeutet auch, dass du deine Kraft im Solarplexuschakra dazu nutzt, um dich selbst zu formen und deine Individualität freizulegen. Diese wird gebraucht, um eine Spur in den Herzen anderer zu hinterlassen. Wird diese Stärke machtmissbräuchlich eingesetzt, um andere zu kontrollieren, zu kritisieren und zu kommandieren, ist es allerhöchste Zeit, sich dieser Überenergie im Solarplexus zu stellen und sie wieder ins Gleichgewicht zu bringen.

Es kann natürlich auch das Gegenteil der Fall sein und Glaubenssätze, wie „Das schaffe ich niemals" oder „Ich will das gleiche erreichen wie XY", dir mehr Energie entziehen, als du glaubst. „Sei du selbst!" ist kein unbekannter Spruch, der jedoch gar nicht so leicht umzusetzen ist. Wenn in der Vergangenheit viele Erlebnisse im zwischenmenschlichen Bereich stattfanden, die dich glauben ließen, dass du machtlos bist und dich fügen musst, ist die Power des dritten Chakras unterdrückt worden. Du musst lernen, dass du kein rebellierender Teenager mehr bist, der keine andere Möglichkeit mehr sieht, gegen Autoritätspersonen anzukommen, als sich aufzulehnen. Jede Übung, die hilft, die eigene Stärke wieder spüren zu können, wird dein Solarplexuschakra aktivieren und harmonisieren. Neben Meditation und Yoga geht es hierbei um sehr lebenspraktische Möglichkeiten.

Das Wichtigste ist: Setze dir Ziele und verfolge sie, bis sie abgeschlossen sind. Das können auch kleine tägliche Aufgaben sein, wie z. B. eine halbe Stunde früher aufstehen, um zu meditieren, täglich einen Obstsalat essen, das Bett nach dem Aufstehen machen usw. Es kann zunächst erst einmal eine kleine Challenge sein, etwas für z. B. eine Woche durchzuführen. Kennst du das bestärkende Gefühl, wenn du Energie auf das Erreichen eines Ziels gesetzt hast und es wird endlich wahr? Hier spürst du deine Macht im Solarplexuschakra, weil du dich selbst ermächtigt hast.

In beiden Fällen, ob Über- oder Unterenergie in diesem Chakra, ist es ratsam, sich in die Natur zu begeben, um von ihr zu lernen und ruhig zu werden, inneren Frieden zu finden. Du begegnest hier dir selbst, auf liebevolle und sanfte Art, wenn du dich berühren lässt von ihrer Schönheit. Oft relativiert die direkte Naturerfahrung einiges, was du dachtest, zu brauchen oder zu sein. Nutze die Möglichkeit, dich in der Natur aufzuhalten und sauge ihre Energie auf - so viel du brauchst. Alle deine Chakren werden sie dankbar aufnehmen.

Reflexionsfragen zu deinem Solarplexuschakra

1. Welche Ziele habe ich mir für mein Leben gesetzt?
2. Ist das Gefühl, Erfolg zu haben, wichtig für mich?
3. Gehe ich meinen Weg zu Ende, bis ich ein Ziel erreicht habe?
4. Wie wichtig ist mir die Meinung anderer?
5. Habe ich genug Energie, um meine Ziele zu verfolgen?
6. Bringe ich Arbeits- und Privatleben zufriedenstellend unter einen Hut?
7. Fühle ich mich wohl, wenn ich Verantwortung übernehmen muss?
8. Führe ich gerne selbst oder lasse ich mich lieber führen, z. B. in einer Beziehung?
9. Wie viel braucht es, um mich wütend oder zornig zu machen?
10. Wie lebe ich meine Emotionen von Wut und Zorn aus?
11. Ist Perfektionismus etwas, womit ich mir selbst im Weg stehen könnte?

12. Erachte ich meine Gefühle als wertvoll, oder unterdrücke ich sie lieber?
13. Bin ich offen und aufgeschlossen gegenüber der Meinung anderer?
14. Sind Geduld und Nachsicht Eigenschaften, die ich im Alltag lebe?
15. Habe ich einen hohen Anspruch an mich selbst? Wenn ja: In welchen Bereichen?
16. Wie gut kenne ich mich selbst?
17. Für wen setze ich meine Kraft und Energie am meisten ein?
18. Wie gehe ich mit Kritik um und wie äußere ich selbst Kritik?

Meditation für das Solarplexuschakra

Dein Solarplexuschakra versprüht seine Energie im Bauchraum, weswegen eine tiefe und bewusste Bauchatmung sehr positiv auf dein Chakra wirkt. Du kannst diese Atemtechnik noch mit Visualisierungsübungen verbinden, welche dir helfen können, diesen inneren Raum zu weiten und deine Energie auszudehnen. Bei dieser Meditation kannst du alle drei feinstofflichen Energiezentren, die du bis jetzt kennengelernt hast, miteinander verbinden, denn sie stellen die Basis für die weitere Chakrenarbeit dar.

Meditation ist für alle Chakren wie Balsam und stellt ihren natürlichen Energiefluss wieder her. Besonders harmonisierend ist diese verbindende Zeit der Innenschau, wenn du sie regelmäßig durchführst, am besten täglich. Menschen sind es gewohnt, ihren Körper täglich zu pflegen, indem sie sich waschen oder die Zähne putzen. Wenn man erst einmal gespürt hat, wie wohltuend auch die Pflege der Energiezentren tut, wird es zu einer Selbstverständlichkeit, dass man auch den Chakren täglich Zeit widmet.

Insbesondere die unteren drei Chakren in ihrer Basisfunktion spielen eine Schlüsselrolle, sodass du, solltest du wirklich wenig Zeit aufbringen wollen, zumindest ihnen regelmäßig bewusste Momente der Verbindung einräumen solltest. Sind sie aktiviert und gestärkt, steigt ihre Energie durch den Hauptenergiekanal nach oben und nährt so, zumindest für einen Teil, auch alle nachfolgenden Energieräder. Die Stabilität der unteren Chakren ist auch deshalb so wichtig, um „Bodenhaftung" zu behalten und nicht (spirituell) abzuheben.

Wähle wieder einen ruhigen Ort, an dem du ungestört für dich sein kannst. Meditation inmitten der Natur ist natürlich immer empfehlenswert, aber du kannst dir auch zu Hause ein schönes Eckchen gestalten, z. B. mit Zimmerpflanzen, Blumen, Steinen, Bildern, Naturklängen und Duftölen. Lüfte den Raum vorher, sodass du gleich bei der Meditation frischen Sauerstoff in dich aufnehmen kannst. Stelle aber sicher, dass du warm bleibst und wähle deine Kleidung entsprechend. Auch eine wärmende Decke, die locker beim Meditieren über die Schultern gelegt wird, kann einem Auskühlen des Körpers entgegenwirken.

1. Beginne deine Meditation gerne mit einem Anfangsritual, wie z. B. einem Gong oder dem Entzünden einer Kerze. Sitze mit aufrechtem Rücken in deinem gewählten Meditationssitz und schließe die Augen.
2. Um dich mit deinem Solarplexuschakra zu verbinden, beginne tief durch die Nase einzuatmen und lasse die Luft langsam in dich einströmen, bis sich dein Bauch wohlig nach außen wölbt. Beobachte diesen Atemzug und spü-

re, wie dein Körper den frischen Sauerstoff dankbar aufsaugt.
3. Lass die Luft genauso bewusst und achtsam wieder aus deinem Bauchraum entschwinden und spüre diesen klitzekleinen Moment der Atempause nach, bis der natürliche Impuls, den nächsten Atemzug nehmen zu wollen, von allein einsetzt.
4. Um deine Bauchbewegung noch besser spüren zu können, kannst du auch deine beiden Hände auf deinem Bauch platzieren und spüren, wie sich bei jeder Einatmung deine Finger auseinanderspreizen und bei der Ausatmung wieder berühren. Praktiziere solange, wie sich die tiefe Bauchatmung gut für dich anfühlt und du spürst, dass dein Körper beginnt, sich zu entspannen. Du atmest nicht nur Luft, sondern auch Prana (kosmische Lebensenergie) ein, welches deine Chakren energetisch nährt.
5. Forciere den Atem nicht mehr und lasse ihn frei und natürlich fließen. Schenke diesem Wunder deine Aufmerksamkeit und beobachte es ein wenig. Aufkommende Gedanken dürfen kommen und weiterziehen.
6. Stelle dir vor deinem inneren Auge vor, wie dein erstes Chakra, das Wurzelchakra, dunkelrot zu leuchten beginnt. Am Ende deiner Wirbelsäule, deinem Steißbein, kannst du visualisieren, wie sich diese Energie weitet und nach allen Seiten ausdehnt.
7. Das kräftige Rot deines Wurzelchakras wandert nun über die Wirbelsäule (Sushumna Nadi) hoch zu deinem Sakralchakra und wird heller. In deinem Beckenraum stellst du dir eine leuchtend orangefarbene Energiekugel vor. Auch sie darfst du in deiner Vorstellung größer und stärker werden lassen. Dehne sie imaginär aus, sodass ihr Licht sogar deine Körpergrenzen durchdringt.

8. Spüre jetzt, wie diese Energie weiter nach oben in deinen Bauchraum steigen möchte und sich zu einer großen, warmen und starken Sonne formiert. Lasse deine innere Sonne erstrahlen in fröhlichem, hellem Gelb. Auch sie kannst du in deiner Vorstellung größer werden lassen. Dehne sie so weit aus, wie du es dir vorstellen kannst, vielleicht sogar bis hinaus in den Himmel, bis ins Universum.
9. Spüre dieses Spiel der Farben und Energien in dir, bis du das Gefühl hast, deine Meditation beenden zu wollen oder dein Schlusssignal erklingt. Nimm dir die Zeit, um sanft in die Alltagsrealität zurückzukommen und bedanke dich bei dir selbst, dass du dir diese wichtige Zeit für deine Chakren genommen hast.

Yogaübungen für das Solarplexuschakra

Ein ausgeglichenes Solarplexuschakra zeigt sich in einer ebenso ausgeglichenen Persönlichkeit. Die nachfolgenden Yogaübungen möchten dich darin unterstützen, diesem Chakra zu helfen, sich zu öffnen und die Energie fließen zu lassen. Dann kannst du zunehmend spüren, wie du selbstbewusst und gleichzeitig entspannt mit den Anforderungen des Alltags an dich umgehen kannst. Es fällt dir leichter, deine Vorhaben umzusetzen und Ängste abzubauen, wenn dein drittes Energiezentrum aktiviert ist.

Das Verdauungssystem ist physisch verbunden mit dem Solarplexuschakra, weswegen sich hier Beschwerden zeigen können, wenn die Chakraenergie aus dem Gleichgewicht geraten ist. Ernährung spielt dementsprechend eine wichtige Rolle, weil dieses Energiezentrum die Energie der Nahrung aufnimmt, verarbeitet und wieder an den Menschen abgibt. In einem späteren Kapitel kannst du noch erfahren, wie du deine Chakren auch mit den richtigen Nahrungsmitteln unterstützen kannst und so dein Verdauungsfeuer stark und gesund hältst.

Für deine strahlende Sonne im Bauchraum sind alle Yogaübungen sehr stärkend, die deine Bauchmuskeln herausfordern und aufbauen. Ein starkes Nabelzentrum steht für Willenskraft und Durchsetzungsvermögen. Starke Bauch- und Rückenmuskeln richten dich auf durch ihr stärkendes Korsett und fokussieren dich auf deine Mitte, den Ort deiner inneren Ausgeglichenheit. Beginne mit den folgenden Yogaasanas, diese stabilisierende Mitte Schritt für Schritt aufzubauen und genieße die Stabilität und Stärke, die dir dadurch geschenkt werden. Auch hier gilt, wie bei den Meditationsübungen, Ausdauer und Regelmäßigkeit bringen den erwünschten Erfolg. Passend zum Solarplexuschakra gilt: Setze dir Ziele und mache dich auf den Weg, um sie zu erreichen.

Das Boot – Navasana

In der Bootposition können anfänglich die Wellen erst einmal hochschlagen und dir einiges an Kraft abverlangen. Sie verlangt Stärke und Koordination, um das Boot auf Kurs zu halten. Doch keine Sorge, diese werden sich mit der Zeit immer mehr einstellen und du wirst erstaunt sein, wie viel Kraft eigentlich in dir steckt. Navasana stärkt deinen unteren Rücken und deine Bauchmuskeln, also genau jenen Bereich, in dem dein Solarplexuschakra zu Hause ist. Wie wichtig diese Muskelgruppen zur Prävention, aber auch zur Verbesserung deiner Rückengesundheit sind, ist naheliegend. Hier baust du dein Fundament auf, damit du auch dem Sturm des Lebens standhalten kannst. Sei bitte wie immer achtsam und rücksichtsvoll deinem Körper gegenüber und nimm mögliche Signale, wie z. B. Schmerzen oder Verkrampfungen, ernst.

1. Als Vorsichtsmaßnahme kannst du hinter deinen Rücken ein Kissen legen. Solltest du das Gleichgewicht verlieren und nach hinten kippen, lässt es dich weich aufkommen.
2. Die Ausgangsposition auf deiner Unterlage ist die Stabstellung – Dandasana. Du kennst sie bereits von der sitzenden Vorwärtsbeuge. Erde deine Sitzhöcker, deine Beine sind gerade nach vorne ausgestreckt und die Handflächen oder Fingerspitzen drücken in den Boden, um deinen Rücken stabil aufrichten zu können.
3. Beginne jetzt, deinen Sitz durch das Anspannen deines Beckenbodens noch mehr zu stabilisieren. Dein Nabel zieht Richtung Wirbelsäule, deine Bauchmuskeln werden fest. Deine Beininnenseiten drücken gegeneinander und deine Zehen strecken sich nach vorne hin.
4. Hebe deine Arme hoch, sodass sie parallel zum Boden ausgerichtet sind. Sie helfen dir, um dein Gleichgewicht zu halten.
5. Beginne, deinen Schwerpunkt langsam nach hinten zu verlagern, das heißt, dass sich dein Oberkörper nach hinten lehnt und deine Beine vom Boden abheben. Wenn du kannst, versuche etwa einen 60-Grad-Winkel zu erreichen.
6. Halte deine Handflächen parallel zum Boden auf Höhe deiner Schultern und gleiche Schwankungen aus. Beckenboden und Bauchmuskeln bleiben aktiviert, vergiss aber bitte das Atmen nicht. Er ist dein Lehrer und zeigt dir sehr eindeutig, wann es zu viel ist. Wenn du den Atemstrom anhältst, verkrampfst du auch deine Muskeln. Lasse dann lieber wieder locker und lege die Beine ab. Du kannst die Übung kürzer halten und dafür öfter neu aufbauen.
7. Mit zunehmender Übung wirst du das Boot länger und stabiler halten können. Zu Beginn ist es normal, dass deine Beine vielleicht zu zittern beginnen oder dein Boot schwankt. Das Solarplexuschakra steht für Durchhalte-

vermögen und innere Stärke. Du wirst sie zunehmend aufbauen. Bleib dran!
8. Als Variation kannst du diese Yogaübung zu Beginn auch mit angewinkelten Beinen praktizieren, bis sich deine Rücken- und Bauchmuskeln gestärkt haben.
9. Bei Beschwerden im Rücken ist es möglich, die Beine auf einem kleinen Podest abzulegen, wie z. B. auf einem Yogablock oder einem Kissen. Wenn du deinem Rücken eine Stütze geben möchtest, kannst du dich anlehnen oder ein festeres Sitzkissen zur Stabilisation am unteren Rücken anlegen.
10. Eine sehr sanfte Variante wäre auch, die Fußsohlen bei angewinkelten Beinen aufzustellen und lediglich den Kopf, mit gestreckten Armen parallel zum Boden, leicht anzuheben. Auch hier wirst du deine Bauchmuskeln bereits spüren.

Das Krokodil – Makarasana

Das Krokodil ist eine liegende Drehposition auf Höhe deines Solarplexuschakras. Sie wirkt sehr entspannend und hilft dabei, dein System zu entgiften. Du solltest bei dieser Yogaübung beachten, dass es wichtig ist, den Körper vorher gut aufzuwärmen, bevor du in den Twist deines Rumpfes gehst. So könnten bereits einige Yogaasanas vorangegangen sein, oder du legst dir deine aktivierende Lieblingsmusik auf und tanzt dich erst einmal warm. Drehpositionen sollten nicht geübt werden, wenn du Verletzungen oder Operationen im Rückenbereich hast oder hattest. Gerade bei Problemen mit den Bandscheiben ist das Krokodil nur mit ärztlicher Rücksprache und eventuell nur als sanfte Variante mit unterstützenden Hilfsmitteln denkbar.

1. Lege dich langsam auf deiner Unterlage in die Rückenlage. Breite deine Arme in Höhe der Schultern nach links und rechts aus. Sie liegen nun im rechten Winkel zu deinem Körper flach am Boden. Schließe die Augen und atme wieder in deinen Bauchraum, um in dieser Position zunächst anzukommen und deinen Körper zu entspannen.
2. Stelle deine Beine auf, sodass sich die Fußsohlen sehr nah an deinem Gesäß befinden. Mit der nächsten Ausatmung lasse deine Knie locker nach rechts fallen.
3. Hilfsmittel: Polstere sie mit Kissen ab, sollten sie nicht den Boden berühren können. So verminderst du auch eine zu starke Dehnung im Hüftbereich.
4. Wenn es dein Nacken zulässt, kannst du deinen Kopf in die entgegengesetzte Richtung nach links drehen. Überprüfe, ob deine Schultern weiterhin flach auf dem Boden aufliegen können, ansonsten ist es besser, den Kopf wieder zentriert auszurichten oder ein kleines Kissen unter deine Gesichtshälfte zu legen.
5. Entspanne dich in dieser Drehung und lasse deine Atemluft gleichmäßig und tief durch die Nase einströmen. So unterstützt du deinen Körper, eventuelle Verspannungen von innen loslassen zu können.
6. In diesem liegenden Twist kannst du dich auf dein Solarplexuschakra fokussieren. Spüre deinen Bauchraum, wie er sich durch die Drehung verändert. Kannst du vielleicht ein Kribbeln dort spüren? Visualisiere auch gerne die leuchtend gelbe Sonne, die durch ihre Wärme und Strahlen all die Blockaden in diesem Bereich wegschmelzen möchte.
7. Löse die Haltung achtsam mit einer Einatmung auf und bringe die angewinkelten Beine und deinen Kopf wieder in die Mitte. Spüre dieser intensiven Drehung kurz nach.

8. Wiederhole die Yogaasana anschließend auch auf der anderen Seite.
9. Schließe deine Übung in der Rückenlage ab, spüre nach und entspanne noch kurz mit geschlossenen Augen.

Der halbe Schulterstand – Viparita Karani

Der halbe Schulterstand ist eine wohltuende, entspannende und regenerierende Yogahaltung, die du gerne am Abend vor dem Schlafen gehen üben kannst. Sie unterstützt dabei, Stress abzubauen und den Geist zu beruhigen. Der Blutfluss wird dadurch umgekehrt und verhilft zu einer besseren Durchblutung. Energetisch gesehen fließt deine Energie über die Beine, in das Wurzelchakra, dein Sakralchakra und weiter in dein Solarplexuschakra. So kann es sich wieder energetisieren und aktivieren. Du kannst diese Yogaasana an einer Wand üben und dadurch mit der Zeit länger halten. Solltest du jedoch aufgrund des erhöhten Blutrückflusses irgendwo Druck verspüren, beende sie bitte achtsam.

1. Lege zunächst deine Unterlage vor einer freien Wand ab und setze dich neben die Wand, sodass dein Gesäß seitlich an der Wand anliegt.
2. Senke deinen Oberkörper nun auf der Unterlage ab, drehe dich auf den Rücken und strecke die Beine an der Wand gerade nach oben. Wenn du das Gefühl hast, noch zu weit von der Wand entfernt zu sein, kannst du noch etwas näher mit deinem Gesäß heranrücken. Idealerweise befinden sich deine gestreckten Beine in einem rechten Winkel zu deinem abgelegten Oberkörper.
3. Deine Arme liegen entspannt neben deinem Körper auf dem Boden, deine Schultern sind weg von den Ohren und

dein Gesicht entspannt. Schließe die Augen und beginne wieder mit einer bewussten und tiefen Bauchatmung.
4. Spüre, wie Energie über deine Beine und die unteren Chakren langsam in Richtung Sonnengeflecht wandert. Verbinde dich wieder mit deiner hell leuchtenden Sonne im Bauchraum und dehne sie in deiner Vorstellung aus, sodass ihr Licht in alle Richtungen strahlen kann. Werde weich und lasse dein Körpergewicht in den Boden sinken, halte nichts mehr fest.
5. Beende die Übung in deiner Zeit, indem du deine Beine sehr langsam anwinkelst und die Knie Richtung Brust ziehst. Umarme deine Beine mit deinen Armen und schaukle gerne ein wenig hin und her, um deinen Rücken zu massieren.
6. Nimm dir anschließend noch die Zeit in der Rückenentspannungslage nachzuspüren, damit sich die aktivierten Energien in deinem Körper verteilen können.

Das Herzchakra – Anahata Chakra

Das Herz, als Symbol für die Liebe, ist allen Menschen bekannt. Physisch gesehen ist es das erste Organ, das sich im Embryo anlegt. Ab diesem Zeitpunkt leistet es Erstaunliches für den Körper, denn es versorgt alle Organe und Zellen über das Blut mit Sauerstoff und Nährstoffen. Doch die meisten Menschen haben bereits gespürt, dass es mehr als ein Organ ist. Es ist auch der Ort des intensiven Empfindens von Emotionen. Ein „gebrochenes Herz" aufgrund von Liebeskummer kann daher auch dem physischen Herzen enorm zusetzen.

Das vierte Chakra, das Herzchakra, ist das energetische Herz und beschäftigt sich nicht ausschließlich mit dem Thema Liebe. Hier fließt die Liebe zwar auch nach außen, zu den geliebten Menschen,

Tieren und der Natur, aber es geht auch um die liebevolle Verbindung, die die Menschen zu sich selbst herstellen. In der energetischen Arbeit mit diesem Chakra steckt viel Heilungspotential für sich selbst und dadurch automatisch für alle Geschöpfe, denen man mitfühlend und empathisch begegnet.

Das Herzchakra ist auch der Ort deines inneren Kindes, das jetzt um Fürsorge und Liebe bittet. Als du ein junger Erwachsener warst, erwachte dein Herzchakra, blühte auf und du begannst immer mehr, dein Herz und seine Botschaften zu verstehen und deinen Herzenswünschen zu folgen.

Im Energiesystem spielt das Herzchakra eine Schlüsselfunktion, verbindet es doch die drei unteren Chakren, welche für die erdende, weltliche Energie stehen, mit den oberen spirituellen Chakren. Es ist naheliegend, diesem Chakra besonders viel Aufmerksamkeit und Heilung schenken zu wollen, damit es möglich wird, sich spirituell weiterzuentwickeln. Das sehr bekannte Zitat des Schriftstellers Antoine de Saint-Exupéry „Man sieht nur mit dem Herzen gut. Das Wesentliche ist für die Augen unsichtbar" (Der kleine Prinz) fasst sehr schön zusammen, auf welchen Weg du dich jetzt begibst: Du blickst auf dein Leben aus der Perspektive deines Herzens und löst dich von oberflächlichen und fremden Überzeugungen.

Verortung und Grundthema

Das energetische Herz befindet sich auf Höhe des Herzens in der Mitte der Brust. Hier verbindest du dein Inneres mit dem Außen, lässt dich von der Welt um dich herum berühren und berührst selbst. Du befindest dich auf der Beziehungsebene zu dir selbst und anderen. „Höre auf dein Herz!" ist oft ein

Ratschlag, wenn man in Situationen der Entscheidung einfach nicht weiterweiß. So ist das Herzchakra auch eine Stimme in dir, die du hören und ernstnehmen solltest. Doch kannst du das überhaupt noch?

Genau hier setzt die Arbeit mit dem Herzchakra an, wieder den Kontakt zu dir selbst aufzubauen und das Herz als eine wichtige Entscheidungsinstanz in dein Leben zu integrieren. Viele Menschen haben Angst davor, diesen Kontakt wieder zu aktivieren, fühlt man doch auch Verletzungen und emotionale Schmerzen. Errichtete Herzmauern führen dazu, die Herzchakraenergie nicht mehr fließen zu lassen, weder nach innen, noch nach außen. Nirgendwo begegnet man so sehr sich selbst, als in diesem grün pulsierenden Energierad. Während sich deine unteren Chakren (Wurzel-, Sakral- und Solarplexuschakra) vor allem mit den Instinkten und ursprünglichen Gefühlen, wie Angst, Genuss und Schwäche, auseinandersetzen, ist das Grundthema des Herzchakras die emotionale Ebene des Lebens. Verbindungen jeder Art werden hier energetisch repräsentiert. Liebe ist multidimensional und kann auf unterschiedlichste Weise Einzug in das Leben halten. Das Herz kann überquellen vor Liebesgefühlen, aber auch der Ort der größten Leere und Einsamkeit sein.

Organisch gesehen steht das Herzchakra in Zusammenhang mit dem physischen Herzen, den Lungen und der Thymusdrüse. Seine Energie strahlt aus über die Arme, hinein in die Hände und ist somit auch mit dem Tastsinn assoziiert. Hat dir eine bestimmte Emotion schon einmal den Atem geraubt? Hattest du Herzklopfen bei einem bestimmten Menschen? Die meisten Menschen kennen diese Erfahrungen und können diese Verbindung von energetischer und körperlicher Ebene beim Herzchakra deutlich wahrnehmen. Letztendlich sind alle Menschen Suchende nach Liebe, es verbindet die Menschen, unabhängig von sozialem Status, Herkunft und Weltanschauung. Der Heilungsweg des Herzchakras kann daher von großer kollektiver Bedeutung für die Welt sein.

Einwirkung auf den Lebensweg

Das unausgeglichene Herzchakra

Der Ausdruck eines unausgeglichenen Herzchakras ist entweder die emotionale Abhängigkeit von der Liebe anderer oder eine überzogene, narzisstische Selbstliebe. Beides Ausprägungen, welche in Beziehungen das Leben schwer machen können.

Die grundlegende Frage ist: Warum suchen Menschen nach Liebe? Hat jemand, der etwas sucht, auch etwas verloren? Es ist das Gefühl, nicht ganz zu sein, es fehlt die Liebe eines anderen Menschen, welche vollständig und glücklich machen soll. Die schönsten, aber auch traurigsten Geschichten des Lebens schreibt immer die Liebe. Das Herzchakra ist für jede Form von Liebe zuständig, sodass eine Disharmonie hier sicherlich viele Bereiche des eigenen Lebensweges betrifft. Egal ob Freunde, Ehepartner, Affäre, Kinder, Haustiere, Kollegen – Menschen befinden sich immer in bestimmten Beziehungsgeflechten, in denen die Herzchakraenergie eine wichtige Rolle spielt.

Dass das vierte Chakra unausgeglichen sein kann, könnte an verletzenden Erfahrungen der Vergangenheit liegen. Dies ist z. B. der Fall, wenn ein Mensch in der Liebe verletzt, zurückgewiesen, enttäuscht oder verlassen wurde. Man schneidet sich vom pulsierenden Energierad der Liebe ab, aber die Sehnsucht danach bleibt trotzdem bestehen. Vielleicht hat man auch selbst jemanden verletzt, bewusst oder unbewusst, und kann sich dies selbst nicht verzeihen. Auch dann ist es wohl besser, die Liebesenergie zu blockieren, bevor noch mehr Verletzung in anderen entsteht.

Wie bereits erwähnt, haben auch die unteren drei Chakren einen Einfluss auf das vierte Chakra und können durch ihre Unausgeglichenheit auch das Herzchakra destabilisieren. Das Wurzelchakra, Sakralchakra und Solarplexuschakra bilden die Grundlage für eine stabile, selbstbewusste und ausgeglichene Persönlichkeit.

Es ist naheliegend, dass, wenn ein Individuum sich nicht selbst erkennt und versteht, in anderen Beziehungen als in der Beziehung zu sich selbst nach Hilfe und Erfüllung sucht. Hast du schon einmal davon gehört, dass andere Menschen für dich ein Spiegel sein können, in denen du erkennen kannst, was eigentlich deine inneren Konflikte sind?

Beziehungen wollen Menschen dabei helfen, sich selbst zu verstehen und die Probleme zu lösen, doch braucht es dafür auch ein Selbstverständnis und eine gehörige Portion Selbstreflexion. Oft will man problematische Beziehungen lösen, indem man mit seinem Gegenüber in einen Machtkampf geht oder eigene Bedürfnisse zurückstellt. Doch führt dieser Weg noch weiter in eine Sackgasse.

Die Arbeit beginnt zuerst immer bei sich selbst, bei der Eigenverantwortung für das Herz. Dies bedeutet nicht, dass man sich nur noch auf sich selbst beziehen und andere in ihrer Individualität nicht mehr in sein Leben lassen will, wenn man das Gefühl hat, dass das nicht zu einem passt, einen nicht erfüllt. Das wäre tatsächlich eher der narzisstische Weg. Hier wird ständig danach gesucht, was andere geben müssen, damit man sich selbst geliebt fühlt. Das kann so weit gehen, dass das Gegenüber immer wieder unter Druck gesetzt wird, diesen Anspruch auf Liebe erfüllen zu müssen.

Doch wenn so eine große Leere im Herzen herrscht, kann Liebe wie eine Droge werden und es wird immer mehr eingefordert, um das emotionale Ungleichgewicht im Herzchakra wieder zu stabilisieren. Beziehungskonflikte sind da natürlich vorprogrammiert. Zurückweisungen und Enttäuschungen auf dieser Ebene lassen das Herz sich immer mehr verschließen und eventuell sogar Ersatzliebe suchen, z. B. in Form von Konsum, Geld oder Essen.

Die gegenteilige Ausprägung eines unausgeglichenen Herzchakras wäre die vollkommene Selbstaufgabe in Beziehungen. Die eigenen Bedürfnisse werden dem anderen geopfert. Diesen Weg sollte man jedoch genau reflektieren, denn auch er fundiert in der Annahme, dass das selbstlose Geben an Bestätigung durch andere geknüpft ist. Sich gebraucht zu fühlen wird dann mit Liebe gleichgesetzt. Doch kommt die Liebe, das Glück und die Zufriedenheit dann wirklich aus einem selbst heraus? Letztendlich ist es wieder ein Weg der Abhängigkeit und Selbstverleugnung.

Eine Lösung für das unausgeglichene Herzchakra geht daher auch über die Basischakren, um sich selbst, aus sich heraus, ganz und vollständig zu fühlen und zu erkennen, dass Liebe keine Kraft ist, die einem gegeben werden muss, abhängig von Person und Zeit. Vielmehr ist es eine innewohnende Energie, die immerwährend fließt. Es geht nicht mehr darum, den Profit aus einer Liebe zu ziehen, sondern eine natürliche Balance zwischen empfangen und geben in Freiheit herzustellen.

Das ausgeglichene Herzchakra

Ein sehr schönes Zitat des amerikanischen Schriftstellers Mark Twain fasst die Energie eines ausgeglichenen Herzchakras zusammen: „Tanze, als würde niemand zusehen. Liebe, als wurdest du niemals verletzt. Singe, als würde niemand zuhören. Lebe, als wäre der Himmel auf Erden." Das erwachte Herzchakra möchte genau das, den Himmel auf Erden verwirklichen und das Gefühl der Trennung aufheben.

Ein funktionierendes viertes Chakra, das sich in Balance befindet, ist aufgeschlossen und offen gegenüber Beziehungen und der Liebe. Auch Konflikte werden nicht mehr gescheut, sondern liebevoll angenommen und geheilt. Man begreift Liebe nicht als ein Tauschgeschäft, sondern verschenkt sie aus vollem Herzen und uneigennützig, weil es einen glücklich macht, auch das Gegenüber glücklich zu sehen. Das Bestreben richtet sich darauf aus, sich tolerant und friedvoll durch das eigene Leben und das der anderen zu bewegen. Dabei ist auch klar, dass man etwas dafür einbringen muss und sich nicht auf einer Erwartungshaltung ausruhen kann.

Eine entscheidende Qualität, die dir das Herzchakra zeigen möchte, ist die Fähigkeit des Mitgefühls zu allen Wesen. Wenn das vierte Chakra seine Energie verströmt und dich die Natur, Tiere und Menschen so empathisch spüren lässt, kann das erst einmal sehr überwältigend sein. Denn man spürt auch den Schmerz und das Leid des anderen. Das bedeutet jedoch nicht, dass man mitleiden soll. Eher wird es die Aufgabe sein, die Herzchakraenergie fließen zu lassen, um Heilung und Frieden in die Welt zu bringen. Jeglicher Materialismus kommt irgendwann an seine Grenzen, wenn es darum geht, geteilt zu werden. Doch Liebe und Glück sind unendlich vorhanden und werden sogar mehr, wenn man sie teilt. Sie multiplizieren sich automatisch und können immer wieder weitergegeben werden.

Übungen zur Harmonisierung des Herzchakras

Neben den nachfolgend aufgezeigten Reflexionsfragen, der Meditation und den Yogaübungen geht es beim Herzchakra auch darum, im Leben Situationen zu suchen, welche die Fähigkeit des Mitgefühls schulen können. In der Yogaphilosophie wird dies als Karma Yoga bezeichnet. Yoga ist mehr, als den physischen Körper auf der Yogamatte zu trainieren. Im integralen Yoga gibt es verschiedene Wege, die es dem Menschen ermöglichen, sich ganzheitlich zu entwickeln.

Überlege für dich, wo du in deinem Umfeld Möglichkeiten siehst, einen mitfühlenden Dienst aufbauen zu können. Dieses Dienen lehrt dich, dein Herz nicht mehr vor Schmerz und Angst verschließen zu wollen, sondern mithilfe deiner Liebe Heilung zu unterstützen. Damit ist nicht die bereits erwähnte Selbstlosigkeit gemeint, welche doch immer auf eine Anerkennung und liebevolle Gegenleistung durch das Dienen hofft. Es ist eine bewusste Entscheidung, bereitwillig die eigene Herzensenergie verschenken zu wollen, um andere mit dieser Stärke unterstützen zu können, unter Wahrung der eigenen Bedürfnisse, jedoch ohne Einfordern einer Gegenleistung.

Ein direkter Weg in dein Herzchakra führt über eine Haltung der Hingabe. Sich selbst hinzugeben, z. B. in der Meditation oder beim Tanz, ist ein wahres Geschenk an die Liebesenergie. „Tanze, als würde niemand zusehen." Vielleicht findest du für dich Musikstücke, die dein Herz öffnen, welche dich berühren und die Liebe zum Fließen bringen. Auch Mantren oder Affirmationen können direkt ins Herzchakra gehen und dort Weite und Freiheit schaffen. Grundsätzlich gilt es, Wege für sich zu finden, die es ermöglichen, sich wieder berühren zu lassen. Insbesondere dann, wenn du das Gefühl hast, z. B. aufgrund negativer Erfahrungen dein Herz verschlossen zu haben, ist es wichtig, Schritt für Schritt wieder Vertrauen in die eigene Liebesfähigkeit aufzubauen und das Spüren aller Emotionen erneut zuzulassen.

Ein sehr heilsamer Weg für das Herzchakra ist es, sich mit dem Thema Vergebung auseinanderzusetzen und so den Schmerz und die Wunden im Herzen zu heilen. Denn hier lernt man, auch die vermeintlich negativen Seiten von Beziehungen im Licht der Liebe zu beleuchten. Wenn du das Gefühl hast, dass du noch einige Altlasten aus Beziehungen mit dir herumschleppst, sie dir heute noch Energie rauben und vielleicht sogar Herzschmerz bereiten, könntest du dich z. B. mit dem hawaiianischen Vergebungsritual Ho´oponopono beschäftigen. Durch die Aussöhnung mit belastenden Beziehungen kannst du wieder Frieden in dein Herz einladen. Auch die nachfolgend in den Übungen beschriebene Metta-Meditation, eine buddhistische Meditation der liebenden Güte, kann dir dabei helfen, mehr Vergebung, Verständnis und Mitgefühl für deine Beziehungen aufzubauen.

Reflexionsfragen zu deinem Herzchakra

1. Welche Beziehungen geben meinem Leben Sinn und Bedeutung?
2. Wie viel Energie und Zeit wende ich für die Pflege meiner Beziehungen auf?
3. Kann ich in der Liebe anderen vertrauen und mich fallen lassen?
4. Welche Art von Beziehung führe ich mit mir selbst?
5. Kann ich meine Liebe für andere einsetzen, ohne eine Gegenleistung zu erwarten?
6. Wie wichtig ist mir die liebende Zuwendung anderer?
7. Lebe ich in stabilen Beziehungen, oder bringen sie Konflikte schnell ins Wanken?
8. Wie verletzlich zeige ich mich anderen?
9. Wie offen kann ich über meine Gefühle und Bedürfnisse mit anderen sprechen?
10. Ist es mir möglich, anderen zu vertrauen?

11. Kann ich mich z. B. der Kunst, der Musik oder anderen Menschen hingeben, ohne Angst vor Bewertung oder Fehlern?
12. Kämen ehrenamtliche Tätigkeiten für mich infrage?
13. Folge ich in Situationen eher meiner Intuition oder meinem Kopf?
14. Sind Herzschmerz, Neid, Verbitterung und Eifersucht Gefühle, die mich daran hindern, anderen zu vergeben?
15. Kann ich die Meinung anderer akzeptieren, oder gehe ich in den Widerstand?

Meditation für das Herzchakra

Diese Meditation für dein viertes Chakra, die sogenannte Metta-Meditation, ist eine der ältesten Formen der buddhistischen Meditation. Damit soll eine liebevolle und wohlwollende Haltung gegenüber der Welt und allen fühlenden Wesen kultiviert werden. Im Buddhismus zählt diese Art zu meditieren zu den grundlegenden Meditationsübungen und inneren Haltungen.

Man geht dabei davon aus, dass man jedem fühlenden Wesen mit Wohlwollen und Freundlichkeit begegnen sollte. Denn wenn man andere Menschen oder Tiere ablehnt, führt es zu Schmerz, Sorge, Ärger, Wut, Verbitterung, Einsamkeit und Zorn. All das sind jene Gefühle, die im Herzchakra für Isolation, Misstrauen und narzisstischer Entwicklung sorgen.

Diese Meditation kann dir daher dabei helfen, Liebe, Mitgefühl und Vergebung für dich selbst und andere zu entwickeln. Es ist dein Beitrag, den du für den Frieden und die Zufriedenheit in der Welt leisten kannst, indem du dich mithilfe der Metta-Meditation auf die Kraft deines Herzchakras fokussierst.

1. Setze dich aufrecht, entweder in einen Sitz mit gekreuzten Beinen oder auf einen Stuhl. Achte darauf, dass deine Wirbelsäule gerade ist, deine Schultern entspannt und du dich nicht anlehnst. Wenn du Probleme mit deinen Knien hast, meditiere gerne aufrecht sitzend auf einem Stuhl. Lege deine Handrücken locker auf den Oberschenkeln ab. Zeigefinger und Daumen berühren sich, deine Handflächen zeigen empfangend und gebend nach oben. Nimm hier nochmal einen tiefen, bewussten Atemzug und schließe dann sanft die Augen. Das Gesicht ist entspannt und dein Atem fließt ruhig und natürlich.
2. Stelle dir vor, dass du während deiner Meditation wie in goldenes Licht gehüllt bist. Es umgibt dich sanft und schützt dich. Visualisiere dieses glitzernde Licht, wie es sich um dich herum formt und aufbaut wie eine Hülle oder eine leuchtende Kugel, in der du sitzt. Du bist jetzt bereit, deine Meditation zu beginnen, die Metta-Meditation der liebenden Güte.
3. Nimm Kontakt mit deinem Herzchakra auf, indem du deine Aufmerksamkeit darauf lenkst. Du besitzt ein physisches Herz, das kräftig schlägt, dein Blut durch den Körper pumpt und dich am Leben erhält. Doch es gibt auch noch dein spirituelles, feinstoffliches Herz, das sich in der Mitte deines Brustkorbes befindet. Wandere mit deiner Aufmerksamkeit zu dieser Mitte und visualisiere es.
4. Stelle dir vor, wie Licht von oben herabkommen in deinen Körper hineinstrahlt, über den Kopf hinein in dein wunderschönes Herz, und es zum Leuchten bringt. Lass es erstrahlen, ganz hell. Bleibe mit deiner Aufmerksamkeit in deinem Herzraum.
5. Beschenke dich selbst mit Liebe, indem du innerlich zu dir sprichst: „Ich bin Licht, ich bin Liebe, ich bin pure Freude. Ich beschenke mich selbst mit Liebe. Möge es mir

gut gehen und mein Wohlergehen auch anderen zugutekommen." Spüre die Wärme in deinem Herzraum und strahle dein Licht in deinen ganzen Körper aus. Sollten Gedanken aufkommen oder Widerstände, versuche sie ziehen zu lassen und kehre zurück zu deiner Aufmerksamkeit im Herzen.

6. Lasse jetzt dein helles Herzenslicht auch nach außen strahlen. Mache deinen Familienmitgliedern dieses Geschenk, indem du sie dir vorstellst, wie sie vor dir erscheinen, entweder als Gruppe oder jeder einzeln. Benenne sie beim Namen und so sprich gedanklich zu ihnen, während du sie mit deinem Liebeslicht anstrahlst: „Ich schicke dir/euch mein Licht und meine Liebe." Du kannst dich bei ihnen für etwas ganz Bestimmtes bedanken. Auch kann jetzt der Moment sein, in welchem du vielleicht jemanden um Vergebung bitten willst oder dir selbst vergeben kannst. Führe diesen inneren Dialog im Lichte deines strahlenden Herzens. Wenn du magst, kannst du auch ganz eigene Worte finden, die du deinen Lieben zukommen lassen möchtest.

7. Nachdem du deine Familie mit deinem heilenden Licht der Liebe beschenkt hast, schicke es jetzt zu deinen Freunden. Sie erscheinen vor dir, entweder einzeln oder als Gruppe. Benenne auch sie mit ihrem Namen und sprich zu ihnen: „Ich schicke dir/euch mein Licht und meine Liebe." Sollte es nötig sein, jemandem zu vergeben oder selbst um Vergebung zu bitten, tue dies jetzt im geschützten Raum deines strahlenden Liebeslichtes. Du kannst auch hier wieder gerne eigene Worte finden und so in die Verbindung gehen.

8. Gibt es Menschen um dich herum, wie z. B. Arbeitskollegen, die Bäckereiverkäuferin, die du jeden Tag siehst, Nachbarn oder andere Personen in deinem Wohnort? Dann lass sie nun vor deinem inneren Auge erscheinen

und beschenke auch sie mit deiner Liebe und hülle sie in Licht.

9. Und so strahlen dein Licht und deine Liebe in einem immer größer werdenden Radius hinaus in die Welt. Dehne dieses Licht gedanklich aus, wie es sich immer weiter streut über die Grenzen deines Wohnraumes hinaus, vielleicht sogar über die Grenzen deines Wohnortes, des Landes hinaus. Dehne dieses Licht aus, soweit du nur kannst. Stelle dir vor, wie es auch über Ländergrenzen hinaus leuchtet, hinaus in den Weltraum, in das Universum. Und so beschenke all die Menschen dieser Erde mit deiner Liebesenergie. Du kannst eigene Wünsche und Segensgrüße formulieren und an die Menschheit schicken. Führe diesen inneren Dialog im geschützten Licht deiner Liebe. Schenke, vergib und verbinde dich.

10. Wenn du möchtest, integriere auch andere Mitgeschöpfe in deine liebende Güte, die nun auf alle ausstrahlt, wie z. B. Tiere und Pflanzen. Sollten während deiner Meditation plötzlich bestimmte Menschen oder andere Lebewesen erscheinen, lasse auch ihnen das heilende Licht deiner Liebe zukommen, denn sie brauchen es wohl gerade ganz dringend.

11. Wenn du das Gefühl hast, nun allen dir wichtig erscheinenden Personen und Lebewesen deine Liebe und dein Licht geschickt zu haben, bleibe noch einige Zeit in Stille sitzen. Fühle dein Herz und die Verbundenheit und freue dich über dein Geschenk, das du gegeben hast und das auch zu dir zurückkehren wird. Du hast mit dieser Meditation viel Segen in die Welt gebracht und dabei geholfen, dein Herz und die Herzen der Menschen zu öffnen. Wenn du magst, lege deine Hände auf dein Herz, die rechte Hand auf der linken, und versiegele somit dieses Gefühl und dieses Geschenk.

Yogaübungen für das Herzchakra

Die besten Yogaübungen für dein Herzchakra sind solche, die deinen Brustraum weiten. Insbesondere, wenn du viel Zeit sitzend vor dem Computer verbringst, kann es zu einem Rundrücken kommen, und deinem vierten Chakra zu wenig Raum zur Entfaltung geben. Diese Asanas zielen daher darauf ab, deine Brustwirbelsäule flexibel zu halten, deinen Schulterbereich zu öffnen und deinen Rippenbogen zu mobilisieren, zu dehnen.

Durch eine bewusste und tiefe Atmung in deinen Brustraum kannst du diese innere Ausdehnung noch unterstützen. Der geöffnete Herzraum lässt die bedingungslose Liebe deines Herzchakras freier fließen, sodass sie bei all den Lebewesen ankommen kann, die sie gerade benötigen. Da die Wirbelsäule, aufgrund der oft gebeugten Haltung, eine Gegenbewegung der Herzöffnung noch nicht gewöhnt ist, solltest du vor allem am Anfang sehr langsam und achtsam in die Yogaposition kommen und nichts erzwingen. Dein Herzraum wird sich in seiner Zeit öffnen. Wichtig ist, dass du deine Arme und Hände ebenso als Verlängerung deines Herzchakras wahrnimmst und auch ihnen deine Aufmerksamkeit schenkst.

Das Herzchakra ist dem Element Luft zugeordnet. Kannst du also von Luft und Liebe leben? Wahrscheinlich nicht alleine, aber so kann sich die Liebe unsichtbar wie die Luft verbreiten und jeden Raum erfüllen. Das physische Herz pumpt den Sauerstoff, der über die Atemorgane aufgenommen wurde, mithilfe des Blutes, in alle Zellen und Organe des Körpers. Die Liebesenergie des Herzchakras ist also, wenn nicht blockiert, überall zu finden.

In der Yogaphilosophie ist auch von Bhakti Yoga die Rede, das Yoga der Liebe und Hingabe. Es ist einer von vier spirituellen Hauptpfaden, den Menschen begehen können, um sich selbst zu verwirklichen. Es ist der Weg der bedingungslosen Liebe, und er ist auf Gott ausgerichtet. Du musst nicht gläubig sein, oder dein ganzes Leben Gott widmen, um eine Vorstellung von diesem Weg des Herzens erhalten zu können. Kleine Impulse können dir helfen, deine Yogaübungen mit einer Bhakti-Atmosphäre anzureichern und deine Herzöffnung zu unterstützen. Du könntest z. B. damit beginnen, den Ort, an dem du deine Yogaübungen praktizierst, zu verschönern, ihn mit Liebe zu gestalten. Was öffnet dein Herz, wenn du es betrachtest? Bilder, Pflanzen, Steine, Figuren können schön sein, um eine positive Schwingung zu erhöhen.

Im Bhakti Yoga wird vor allem Mantramusik gechantet, um die Verbindung zum Göttlichen herzustellen und das Herz zu weiten. Welche Musik würde dein Herz positiv berühren während du Yoga übst? Gibt es bestimmte Instrumente, die dich besonders ansprechen? Hast du dir schon einmal Mantramusik angehört? Du verstehst vielleicht nicht, was dort immer wiederkehrend rezitiert wird, aber vielleicht kannst du in deinem Herzen spüren, dass es dir guttut und du wählst es für deine Yogazeit aus. Auch Düften, wie z. B. Rose und Jasmin, wird ein herzöffnender Effekt zugeschrieben. Wähle für dich und erschaffe dir eine Umgebung fürs Herz, ein liebevolles Geschenk an dich selbst.

Der Fisch – Matsyasana

Diese Yogaübung kann deine Schilddrüse harmonisieren und verspannte Schultern und Rückenmuskeln lockern. Dabei werden deine Brust und dein Nacken gedehnt, was dabei hilft, einem Rundrücken vorzubeugen. Wenn du dich in der Fischposition befindest, wird dein Herz- und Brustraum ganz weit und kann sich öffnen. Insbesondere hier haben sich viele emotionale Spannungen angesammelt, die sich durch das Üben lösen können. Nicht selten kommt es vor, dass du in dieser Haltung plötzlich unbegründete Freude erfährst.

Es können auch Bilder und Situationen vor deinem inneren Auge auftreten, die längst der Vergangenheit angehören. Atme in sie hinein und schenke ihnen die heilende Energie deines Herzchakras. Durch die Dehnung im Nacken wird auch dein Halschakra angesprochen, welches wichtig ist, um den Eindrücken auch verbalen Ausdruck zu verleihen. Die befreite Energie, die sich im Herzchakra einstellt, kann dann vielleicht auch besser kommuniziert und so verarbeitet werden. Hingabe, das Thema des vierten Chakras, bedeutet auch, loszulassen und dadurch Freiheit zu erlangen.

Wie bei allen Yogahaltungen ist auch hier wichtig, dass du körperlich weich und entspannt bleibst. Achte also darauf, dass deine Schultern weg sind von den Ohren, dein Gesicht (vor allem der Kieferbereich) locker bleibt und du nicht zu viel Gewicht auf deinem Kopf hast. Du kannst jederzeit eine passive Variante des Fisches praktizieren und dich in ihr der Entspannung und Öffnung hingeben.

Solltest du bereits Beschwerden in der Brustwirbelsäule oder einen Bandscheibenvorfall haben, ist diese Übung nur mit Rücksprache deines Arztes oder Heilpraktikers auszuführen. Jedes Anzeichen von Schwindel, Übelkeit oder Druck solltest du ernst nehmen und abklären lassen. Wenn du Unwohlsein spürst, löse die Haltung achtsam auf und bleibe noch in der Rückenentspannungslage.

1. Lege dich auf deine Unterlage in die Rückenentspannungslage. Atme ein paar Mal tief in deinen Bauch ein und wieder aus, um hier anzukommen und deinen Körper und Geist auf die folgende Yogaasana vorzubereiten.

2. Bringe deine Beine gestreckt zusammen, sodass sich die Schenkelinnenseiten berühren.
3. Schiebe jetzt deine Hände unter das Gesäß, sodass die Handflächen auf deiner Unterlage liegen. Die Daumen sollten sich berühren und deine Arme gestreckt sein. Du kannst zur Hilfe deinen Körper etwas zur Seite rollen, um deinen Arm und deine Hand unter dem Rücken und dem Gesäß abzulegen.
4. Ziehe in dieser Position deine Schulterblätter zusammen, sodass sich dein Brustraum noch mehr öffnen kann. Deine Beine bleiben weiter gestreckt und deine Zehen zeigen nach vorne.
5. Ziehe von hier aus dein Kinn zur Brust und hebe den Oberkörper vom Boden ab. Mit der Kraft deiner Arme und einer tiefen Einatmung drückst du dich nun in eine Rückbeuge. Dein Kopf sinkt dabei mit einer Ausatmung sanft in den Nacken. Achte darauf: Dein ganzes Gewicht liegt auf deinen Unterarmen, nicht auf deinem Kopf oder Nacken.
6. Dein Brustkorb wölbt sich nach oben, dein Kopf ist nach hinten geneigt und deine Schädeldecke berührt sanft den Boden. Halte diese Asana nur so lange du in ihr entspannen kannst, auch wenn es anfänglich für deine Arme anstrengend ist. Nimm ein paar bewusste und tiefe Atemzüge und richte deine Aufmerksamkeit auf dein Herzchakra. Du kannst dir dort auch ein leuchtendes Grün vorstellen, das sich nach allen Seiten hin ausdehnt.
7. Zum Beenden der Haltung hebe deinen Kopf mit der Einatmung, sodass du zu deinen Zehen blicken kannst. Mit der Ausatmung legst du deinen Körper auf dem Boden ab. Jetzt kannst du deine Arme wieder unter dem Körper hervorbringen und in der Rückenentspannungslage nachspüren.

8. Als sanfte Variation kannst du den unterstützten Fisch üben, indem du Kissen als Hilfsmittel nutzt, um eine Wölbung des Brustkorbes zu ermöglichen. Dafür legst du ein Kissen unter deine Brustwirbelsäule, sodass es sich angenehm für dich anfühlt. Du kannst selbst entscheiden, wie stark die Dehnung sein soll, indem du das Kissen entsprechend seiner Festigkeit und Dicke auswählst. Es gibt auch spezielle Yogapolster für solche Übungen. Dein Kopf kann hinter dem Kissen sanft auf dem Boden aufliegen oder ebenfalls durch eine gefaltete Decke oder ein Kissen gestützt werden. Wenn du die Spannung in den Beinen verringern möchtest, kannst du deine Füße auch locker auseinanderfallen lassen. Deine Arme sind entweder im rechten Winkel zur Seite abgelegt oder neben dem Körper. Wichtig ist, dass du deine Hilfsmittel so platzierst, dass du in dieser Lage wirklich entspannen und loslassen kannst.

Die Kobra – Bhujangasana

Um die Herzöffnung zu unterstützen und deinem Herzchakra den nötigen Raum zu verschaffen, ist die nachfolgende Yogaübung, die Kobra, hervorragend geeignet. Sie ist eine der wichtigsten Yogahaltungen und ist daher auch Bestandteil im bekannten Sonnengruß. Deine Wirbelsäule wird gedehnt und gestreckt, was deiner Rückengesundheit sehr zugute kommt. Ebenso stimuliert sie die Geschlechts- und Verdauungsorgane, weil du hierbei auf dem Bauch liegst.

Kannst du dir innerlich das Bild einer königlichen Kobra vorstellen? Ohne Furcht und voller Selbstbewusstsein erhebt sie ihren Kopf und blickt ihrem Gegenüber direkt in die Augen. In dieser brustöffnenden Haltung kannst du diese Qualitäten nachvollziehen und dein Herz mutig und voller Energie nach vorne ausrichten.

Wie bei allen Rückbeugen gilt auch hier, auf die Kobra besser zu verzichten, solltest du unter Rückenschmerzen oder Bandscheibenverletzungen leiden. Auch bei einer Schwangerschaft ist die Kobra nicht anzuraten, da zu viel Druck auf dem Unterbauch lastet. Hast du eine diagnostizierte Schilddrüsenüberfunktion, hohen Blutdruck oder Asthma, solltest du dir vorher das Ok von deinem Arzt oder Heilpraktiker einholen. Es gibt auch für diese Yogaübung sanftere Varianten, die dich unterstützen können, deinen Herzraum zu weiten.

1. Lege dich zunächst mit deinem Bauch flach auf deiner Unterlage ab. Du kannst mit deinen Händen ein Kissen formen und deine Stirn darauf ruhen lassen. Komme über den Atem auf deiner Unterlage und in deinem Körper an.
2. Bringe deine Handinnenflächen unter deine Schultern auf die Unterlage. Deine Ellenbogen zeigen nach hinten oben und sind nah am Körper. Deine Stirn liegt unterdessen noch auf deiner Unterlage auf. Nimm ein paar bewusste Atemzüge, um die veränderte Körperposition anzunehmen.
3. Atme jetzt ein und löse erst einmal nur die Stirn vom Boden. Die Bauch- und Rückenmuskeln sind stark und halten diese Position. Dein Atem fließt weiter über die Nase in deinen Bauchraum und wieder hinaus. Dadurch kann eine kleine Schaukelbewegung entstehen, die deine Bauchorgane massiert.
4. Du kannst die Kobra so halten oder noch ein Stückchen mehr in die Ausdehnung deines Oberkörpers kommen, indem du mit der nächsten Einatmung deinen Oberkörper zusätzlich anhebst. Es ist hilfreich, zusätzlich den Be-

ckenboden anzuspannen, um mehr Stabilität für den unteren Rücken zu generieren. Die Kraft kommt aus deiner Bauch- und Rückenmuskulatur. Deine Arme sind nah am Körper und angewinkelt.
5. Während dein Blick nach vorne ausgerichtet ist, konzentrierst du dich auf deinen Herzraum. Er möchte sich nach vorne wölben und sich öffnen. Atme zum Herzen hin und wieder aus. Halte die Kobra nur so lange sie für dich nicht zu anstrengend ist und dein Atem frei fließen kann. Jedes Erzwingen würde nur zusätzliche Verkrampfungen hervorrufen, welche du ja eigentlich mit der Übung auflösen möchtest.
6. Mit der Ausatmung kommst du langsam in die Bauchentspannungslage zurück und legst die Stirn auf deinem Handkissen ab. Alternativ kannst du dein Gesicht auch auf einer Seite ablegen. Spüre, was sich entspannender für dich anfühlt.
7. Als sanfte Variation bietet sich die Sphinx-Haltung an. Hierbei bleiben deine Unterarme auf dem Boden, die Ellenbogen befinden sich auf Höhe der Schultern. Dein Oberkörper wird hier aufgerichtet und du blickst nach vorne, wie die ägyptische Sphinx-Statue. Begleite auch diese Körperhaltung wieder mit einer bewussten Atmung.

Die Schulterbrücke - Setu Bandha Sarvangasana

Eine Brücke verbindet. Diese verbindende Eigenschaft kannst du auch in der Schulterbrücke erfahren. Dein Herz wird dabei emporgehoben und strahlt seine Energie auf die Brücke aus. Auch diese Yogaasana gehört zu den Rückbeugen und harmonisiert dein Herzchakra. Da sich das Herz hier höher als der Kopf befindet, ist es auch eine Umkehrhaltung, die sehr deutlich macht, dass sich der Kopf manchmal auch vor dem Herzen verneigen sollte, vor seiner Wahrheit, Weisheit und Schönheit. Diese Übung aktiviert zusätzlich dein Halschakra, was dich in deiner Kommunikationsfähigkeit unterstützen möchte.

In der Schulterbrücke öffnet sich deine komplette Körpervorderseite, sodass sich auch deine Brust- und Bauchmuskeln dehnen. Die Beine sind in dieser Haltung aktiv, sodass du die Muskulatur stärkst. Auch dein unterer Rücken arbeitet mit, um diese Yogaasana stabil zu halten. Die Schulterbrücke ist ebenfalls eine schöne Übung, um den Nacken zu dehnen und dort Verspannungen zu lösen. Die Flexibilität deiner Wirbelsäule wird erhöht. Auf organischer Ebene entlastest du dein Herz, da bei Umkehrhaltungen das Blut zum Herzen zurückfließen kann. Deine Bauchorgane werden durch die Streckung und Atmung massiert und stimuliert.

1. Du befindest dich in der Rückenlage. Stelle deine Füße hüftbreit nahe deinem Gesäß auf. Die Arme liegen entspannt neben dem Körper. Bereits hier kannst du eine leichte, wohltuende Dehnung im Nackenbereich spüren. Nimm dir kurz die Zeit zum Atmen und Ankommen.
2. Mit der kommenden Einatmung drückst du deine Füße fest in deine Unterlage und hebst mit der Ausatmung das Becken, soweit es geht, nach oben.
3. Führe deine Arme gestreckt auf dem Boden liegend zusammen und verschränke deine Hände unter deinem Gesäß. Du kannst hier die Schulterblätter zueinander führen und die Brust dadurch noch etwas mehr weiten.
4. Der Nacken liegt lang auf der Unterlage auf und wird so gestreckt. Mit der Kraft der Beine und Schultern hältst du deine Brücke stabil. Achte darauf, dass deine Knie nicht auseinanderfallen, sondern parallel zueinander bleiben.
5. Atme ein paar Mal tief in deinen Herzraum und spüre die Verbindung, die diese Brücke erschafft.

6. Mit einer Einatmung hebst du die Fersen vom Boden und rollst ausatmend vom Nacken her langsam und bedacht jeden einzelnen Wirbel ab. Spüre dieser Haltung in der Rückenentspannungslage nach.
7. Du kannst die Schulterbrücke auch sanfter üben, indem du einen Yogablock oder ein dickes Buch unter deinem Gesäß aufstellst. Dieses Hilfsmittel unterstützt deinen unteren Rücken und du kannst dich mehr auf die Atmung konzentrieren. Überprüfe unbedingt, dass der Yogablock stabil sitzt und nicht kippen kann.

Das Halschakra – Visuddha Chakra

Dein fünftes Chakra verbindet deine Innenwelt mit der Außenwelt. Über Kommunikation und Nahrung fließen die Energien ein und aus. Dieses Chakra dient dir dazu, all die Gefühle und Ideen deiner Innenwelt mit der Außenwelt kommunizieren zu können. Man weiß, dass Kommunikation eine sehr wichtige Fähigkeit ist, um mit anderen in Kontakt treten zu können. Menschen sind Wesen, die sich gerne mitteilen und das ist auch wichtig, damit Ungesagtes nicht energetisch stecken bleibt und in ihnen weitere Emotionen erzeugt, die das Herzchakra dann erst einmal wieder verarbeiten muss. Die Sprache ist für den Menschen so wichtig, da er durch sie das Gefühl bekommt, dazuzugehören, teilzuhaben, zu kreieren.

Hast du schon einmal versucht, eine fremde Sprache zu erlernen? Wie beglückend es ist, wenn man seine ersten Sätze in der Fremdsprache sprechen kann und man endlich das Gefühl hat, verstanden zu werden. Natürlich gibt es auch andere Wege, um sich auszudrücken (z. B. Mimik und Gestik). Doch das Wort speichert noch mehr der Energie und bringt sie zum Gegenüber. Worte können Liebe ausdrücken und Zuneigung noch unterstreichen, aber sie können sogar verletzender sein als eine physische Wunde.

Es geht bei diesem Chakra also nicht nur darum, auszusprechen was man denkt und fühlt, es manifestiert sich dadurch auch etwas in dieser Welt, was wiederum eine Rückwirkung auf den Menschen haben kann. „Achte auf deine Gedanken, denn sie werden Worte, achte auf deine Worte, denn sie werden Handlungen, achte auf deine Handlungen, denn sie werden Gewohnheiten, achte auf deine Gewohnheiten, denn sie werden dein Charakter, achte auf deinen Charakter, denn er wird dein Schicksal!" (Talmud).

Verortung und Grundthema

An der Basis der Kehle, zwischen Kehlkopf und Kehlgrube, befindet sich das Halschakra und leuchtet dort als hellblaues Energierad. Körperlich ist es dadurch mit der Schilddrüse, dem Vagus-Nerv, dem Nacken, den Stimmbändern, dem Kiefer und dem Mundraum verbunden. Sauerstoff und Nahrung passieren mit ihrer Fremdenergie das fünfte Chakra, sodass man hier allen möglichen Mikroorganismen begegnet, die der Körper erst einmal erkennen und eventuell sogar abwehren muss.

Über den Mund drücken die Menschen Liebe aus, in Form eines Kusses, sie setzen ihre Stimme entsprechend ihrer Gefühlslage ein und führen dem Körper über den Mund nicht nur Nahrung zu, sondern nehmen auch die Genüsse sensorisch auf. Bereits als Baby hat man begonnen, die Welt um sich herum über den Mund zu entdecken. In dieser oralen Phase wird alles in den Mund gesteckt, um es zu erforschen. Lippen und Zunge besitzen sehr viele Tastrezeptoren, die genutzt wurden zur Erschließung der Umgebung und zur Sammlung von Eindrücken. Im Alter von 16 bis 21 Jahren entwickelt sich das Halschakra und drückt sich dann erst zu einem späteren Zeitpunkt im Leben aus. Dann zeigt sich, wie integer die Menschen sind, wie sehr sie authentisch zu ihrer Wahrheit stehen.

Das Halschakra bringt in die Welt, was man innerlich fühlt, denkt, erkennt, entwickelt. Eindruck braucht eben auch Ausdruck, denn es verbindet das Herzchakra mit seinen Emotionen mit dem Stirnchakra, dem Sitz der Gedanken. Das fünfte Chakra hat im Allgemeinen also die Aufgabe, all die Energien der restlichen Energieräder zu übersetzen.

Dieses Chakra ist daher so wichtig, weil dadurch erst die Möglichkeit besteht, sich selbst in der Welt zu verwirklichen. Wenn du bereits die Meditationen genutzt hast, wirst du festgestellt haben, dass deine Gedanken wie ein ständiger Fluss kommen und gehen. So manche Gedanken rauben dir gelegentlich sogar den Schlaf, weil sie all deine Aufmerksamkeit bündeln. Über das Halschakra können diese Gedanken ausgedrückt werden, doch willst du unaufhörlich vor dich hinplappern und alles direkt in Worte übersetzen? Dies würde dich und deine Mitmenschen wohl ziemlich schnell überfordern. So muss dieses Chakra eben auch eine Auswahl treffen, was und wie es diese inneren Vorgänge in die Welt bringen möchte.

Einwirkung auf den Lebensweg

Das unausgeglichene Halschakra

Bei einem unausgeglichenen Halschakra geht die Tendenz entweder zu einem sehr verschlossenen, introvertierten Kommunikationsverhalten, oder äußert sich im Gegenteil, der extrovertierten Persönlichkeit. Bei beiden Ausprägungen fehlt dem fünften Chakra das Gespür dafür, was jetzt nach außen kommuniziert werden muss oder was man doch lieber für sich behalten sollte.

Auch die Art des Kommunizierens kann erschwert sein. Jeder kennt das wohl, dass man versucht, seine Gefühle und Ideen in Worte zu packen, doch irgendwie versteht es niemand. Es fehlt an Ausdrucksmöglichkeiten, diese innere Welt ins Außen zu übersetzen. Die Sehnsucht nach verbündeten Personen, die gleich fühlen und denken wie man selbst, ist sehr groß. Manchmal passt man sich auch an andere an, um scheinbar in dieser Verbindung zu sein. Doch kommt es im Leben oft genug vor, dass man das Gegenteil erfahren muss und Anpassung eine Selbstverleugnung wäre. Desinteresse, Spot, auslachen, lächerlich gemacht werden, endlose Diskussionen – all das sind nur einige Beispiele, die dir in Kommunikationssituationen begegnet sein können und dazu geführt haben, dass du lieber verstummst oder sogar den Gegenangriff planst.

Hier wird auch noch einmal deutlich, wie wichtig es ist, sich bei der Arbeit mit den Chakren von den unteren langsam zu den oberen vorzuarbeiten. Denn letztendlich drückt das Halschakra ja aus, was hier bereits grundgelegt wurde. Wenn die Grundlage Ängste, Sorgen, fehlende Lebensenergie und fehlendes Selbstbewusstsein sowie ein verschlossenes und verletztes Herz sind, können dich diese Themen regelrecht sprachlos machen, vielleicht sogar in die Introvertiertheit führen. Aber auch positive Entwicklungen würden in der Innenwelt stecken bleiben und nicht zum Ausdruck, zur tatsächlichen Manifestation kommen, wenn das unausgeglichene Halschakra sie nicht in die Welt bringen kann.

Der extrovertierte Mensch würde hingegen Wege finden, um sich Luft zu machen, seine Energie rauszulassen und permanent nach Kommunikationsmöglichkeiten suchen. Nichts wäre schlimmer, als sich der Stille hinzugeben und mit dieser inneren Welt alleine bleiben zu müssen. Alles muss geteilt, ja mitgeteilt werden, auch wenn das Gegenüber vielleicht gerade nicht dafür bereit ist. Ein Ungleichgewicht im Halschakra mit extrovertierter Ausprägung zeigt sich in der permanenten Suche nach Aufmerksamkeit bis hin zu Kontrollverlust bei der eigenen Kommunikation. Das Zuhören fällt eher schwer und oft sind die permanenten Wortflüsse sogar unpassend für Situation und Umfeld.

Der Weg der Mitte bietet, wie so oft, die Lösung und so kann ein unausgeglichenes Halschakra nur dann zu Harmonie zurückfinden, wenn erkannt wird, dass die eigene Stimme schöpferischen Charakter hat und auch dementsprechend mit Bedacht eingesetzt werden sollte. Für introvertierte Persönlichkeiten bedeutet dies, zu lernen, Bedürfnisse und Wünsche angstfrei auszudrücken. Extrovertierte Personen dürfen erfahren, wie wohltuend und heilend die Kraft der Stille und des Lauschens sein kann. Je mehr man in die Selbstverantwortung für die Kommunikation kommt und lernt, sinnvoll und gewaltfrei zu sprechen, desto ausgeglichener und harmonischer wird sich die Energie im Halschakra verhalten.

Das ausgeglichene Halschakra

Wirklich tiefe und beglückende Beziehungen zu anderen entstehen, wenn man wahrhaftig und liebevoll miteinander spricht. Bei einem ausgeglichenen Halschakra ist es möglich, die Signale der Kommunikationspartner richtig zu deuten und darauf zu reagieren. Das Thema des fünften Energierades ist also nicht nur das Aussprechen der eigenen Innenwelt, sondern auch das Wahrnehmen und in Beziehung treten mit dem Ausdruck einer anderen, fremden Innenwelt.

Die Möglichkeit, sich selbst über Gespräche auszudrücken, hilft dabei, Geschehnisse zu verarbeiten und loszulassen. Man findet auch in schwierigen und herausfordernden Zeiten wieder zu sich und einer gelungenen Kommunikation zurück. Wenn die Energie zwischen den unteren und oberen Chakren ausgeglichen durch deine

Kehle fließt, erkennst du zunehmend die richtige Wahl der Worte und den richtigen Zeitpunkt, sie anzubringen. Es stellt sich ein Feingefühl ein für die Kunst der Kommunikation.

Jeder kennt Beispiele für Personen, die irgendwie immer zur richtigen Zeit das Richtige ausdrücken können, die die Fähigkeit besitzen, zuzuhören, aber auch durch ihre Erzählungen mitreißen und inspirieren können. Nicht, um andere zu manipulieren oder zu kontrollieren, sondern mit dem Willen, einen positiven, entwicklungsfördernden Impuls in die Welt zu geben. Die Kommunikation ist gefärbt von Klarheit, Authentizität, Freude, gegenseitigem Vertrauen und hinterlässt ein Gefühl des inneren Friedens.

Übungen zur Harmonisierung des Halschakras

Oft kommt es vor, dass man vielleicht nicht die richtigen Worte findet, wenn man es aussprechen soll, jedoch die eigene Innenwelt nur so aus einem heraussprudelt, wenn man beginnt, es aufzuschreiben. Das Journaling, was früher in Form eines Tagebuches viele begleitet hat, findet heutzutage großes Interesse.

Der Unterschied zwischen einem Tagebucheintrag und einem Journaleintrag besteht darin, dass im Tagebuch Gefühlslagen und Situationen niedergeschrieben werden, beim Journaling jedoch geht es noch mehr um die Persönlichkeitsentwicklung durch das Schreiben. Impulsfragen und innere Dialoge werden beantwortet und niedergeschrieben und helfen dabei, sich selbst besser zu verstehen und ausdrücken zu können.

Für introvertierte Persönlichkeiten kann der Weg über das Schreiben eine Möglichkeit sein, sich der Innenwelt immer mehr zu öffnen und auch zu vertrauen. Insbesondere dann, wenn traumatische Ereignisse das Halschakra zuschnüren, kann es wichtig und hilfreich sein, therapeutische Hilfe in Anspruch zu nehmen und Strategien zu erlernen, entsprechende Emotionen und Gedanken auszusprechen.

Auch der Weg über das Singen kann für dieses Energierad sehr heilend und befreiend sein. Die Wörter dürfen fließen, so auch ihre Energie. Es ist eine Möglichkeit, der eigenen Ausdrucksmöglichkeit und Stimmkraft wieder Vertrauen zu schenken.

Immer mehr Beliebtheit erfreut sich auch das Lachyoga. Was zunächst als künstlich erzeugte Situation der Freude und Ausgelassenheit beginnt, nimmt der Körper zunehmend als Wahrheit an. Lachyogaübungen können daher sehr befreiend auf ein unausgeglichenes Halschakra wirken.

Wer zu eher extrovertierter Tendenz neigt, kann gezielt versuchen, sich in die Stille zurückzuziehen, z. B. bei einem schönen Spaziergang in der Natur. Der erste Weg der Verbesserung ist die Erkenntnis. Wenn man erspürt, wann der Zeitpunkt gekommen ist, dass man wieder in einen Redefluss verfällt, ist es auch einfacher, ihn zu kontrollieren und herauszufinden, welche Gedanken gerade wirklich wichtig und zielführend sind, um ausgesprochen zu werden. Es kann hilfreich sein, entsprechende Kommunikationstechniken zu erlernen, wie z. B. die gewaltfreie Kommunikation nach Marshall B. Rosenberg.

Reflexionsfragen zu deinem Halschakra

1. Kann ich meine kreativen Ideen direkt umsetzen?
2. Was hält mich zurück, eigene Ideen zu verwirklichen?
3. Wie präsent bin ich in Gesprächssituationen?
4. Kann ich anderen aktiv zuhören?

5. Fühle ich mich in bestimmten Gesprächssituationen überfordert?
6. Vertrete ich meine Meinung vor anderen, ohne Angst, dafür zurückgewiesen zu werden?
7. Kenne ich mich selbst gut genug, um mich der Welt zu zeigen?
8. Fühle ich mich wohl, wenn ich im Mittelpunkt stehe?
9. Verstehen andere, was ich ihnen mitteilen möchte?
10. Kann ich meine komplexen Gedanken und inneren Bilder verständlich in Worte fassen?
11. Wie sehr begeistere ich andere, wenn ich z. B. von Erlebnissen erzähle?
12. Spreche ich immer die Wahrheit aus?
13. Wie schnell bringe ich Probleme zur Sprache, z. B. in einer Beziehung?
14. Verstehe ich es, meine Bedürfnisse und Wünsche gewaltfrei zu kommunizieren?

Meditation für das Halschakra

In der Yogapraxis gibt es eine Atemtechnik, die das Halschakra besonders anspricht. Die Rede ist von dem Ujjayi-Atem. Wer ihn praktiziert, wird schnell seine beruhigende und zentrierende Wirkung lieben. Diese Meditation möchte die Ujjayi-Atmung mit Meditation verbinden. Sie verhilft dir, nicht nur dein fünftes Chakra zu reinigen und zu harmonisieren, sondern unterstützt dich auch, deine Atmung tiefer und länger werden zu lassen. Dies ist besonders zu begrüßen, wenn man in einem stressigen Alltag zur Kurzatmigkeit neigt. Dieser Atem hört sich an wie das Rauschen des Meeres, was sinnbildlich sehr schön zur türkisen bzw. hellblauen Färbung des Halschakras passt.

1. Bereite dich für deine Meditation vor. Stelle sicher, dass du deine Meditationszeit ungestört begehen kannst. Nimm deinen Meditationssitz ein und richte deinen Rücken auf. Deine Hände können locker auf den Oberschenkeln liegen oder eine Schale in deinem Schoß formen. Schließe die Augen und begib dich gedanklich nach innen.
2. Beobachte zu Anfang deinen natürlichen Atem, wie er über die Nase ein- und wieder ausströmt. Entspanne dich in deinem Meditationssitz.
3. Beginne nun, deinen Atem zu vertiefen. Atme über die Nase ein und über den leicht geöffneten Mund wieder aus. Mit jedem Atemzug kannst du versuchen, die Atmung zu verlängern.
4. Stelle dir vor, wie du mit deiner Ausatmung einen Spiegel anhauchst. Verschließe in deiner Kehle die Stimmritze leicht, sodass dein Atem ein Geräusch erzeugt. Durch den Verschluss wird sich deine Ein- und Ausatmung noch mehr in die Länge ziehen. Vollziehe einige Atemzüge in dieser Form und halte deine Konzentration beim Halschakra.
5. Wenn du bereit bist, verschließe deinen Mund und atme mit diesem kehligen Ton weiter durch die Nase. Das Meeresrauschen kann dich immer ruhiger und ausgeglichener werden lassen. Richte deinen Fokus weiterhin auf das fünfte Chakra und visualisiere dort ein hellblaues Energierad. Dehne sein Licht weiter aus, während du rhythmisch und gleichmäßig den Ujjayi-Atem praktizierst.
6. Beende die Meditation in deiner Zeit und spüre noch kurz mit geschlossenen Augen deinem natürlichen Atemrhythmus nach.
7. Wenn du diese Atemtechnik (Pranayama) genossen hast, kannst du versuchen, den Ujjayi-Atem auch in den Yoga-

übungen zu praktizieren. Dadurch kannst du jede Körperhaltung noch entspannter und bewusster halten.

Yogaübungen für das Halschakra

Wenn eine Disbalance im Halschakra herrscht, äußert sich dies körperlich oft durch Schmerzen im Nacken- und Schulterbereich, Zähneknirschen oder auch in wiederkehrenden Halsentzündungen. Die nachfolgenden Yogaübungen wollen dich darin unterstützen, den Raum des Halses zu weiten und zu energetisieren. Oft zieht man unbewusst die Schultern hoch, aus Unsicherheit und weil man seine Meinung nicht offen aussprechen will. Es ist bereits eine Haltung der Angst vor den Reaktionen, die folgen könnten, wenn man ausspricht, was einem auf dem Herzen liegt. Du darfst erkennen, dass du nicht perfekt sein musst und auch Fehler machen darfst in der Kommunikation mit anderen. Wenn du gefestigt und gestärkt aus der Verbindung mit deinen unteren vier Chakren hervorgehst und sich dein Halschakra öffnet, sprichst du authentisch und frei. Der berühmte „Kloß im Hals" gehört der Vergangenheit an.

Die Heuschrecke – Shalabhasana

Die Heuschrecke ist eine Rückbeuge, die aus der Kraft der Rückenmuskulatur gehalten wird. Der Kopf wird dabei angehoben, sodass sich der Bereich des Halschakras dehnt und weitet. Diese Asana zu halten, kann anfangs sehr anstrengend sein. Gib deinem Körper also die Zeit, mit zunehmender Übung die dafür nötige Muskulatur aufzubauen. Trotz Anstrengung sollte dein Atem frei fließen können. Bei Schwangerschaft ist diese Yogaübung zu meiden, da zu viel Druck auf den Unterbauch ausgeübt wird. Bitte übe diese Yogaasana auch nicht, wenn du Verletzungen im Brustwirbel- oder Nackenbereich hast. Höre auf die Signale deines Körpers und lege den Fokus vor allem auf den Atem, nicht auf maximale Dehnung. Jede Yogaübung sollte an deine körperliche Konstitution angepasst werden, nicht umgekehrt.

1. Du liegst in der Bauchentspannungslage auf deiner Unterlage. Deine Beine sind gestreckt und deine Füße berühren sich. Die Arme liegen neben deinem Körper, Handflächen zeigen nach oben. Du kannst die Stirn auf den Boden auflegen und entspannt atmen.
2. Mit der nächsten Einatmung streckst du deine Beine in die Länge, drückst das Schambein in die Unterlage und beugst deine Wirbelsäule, sodass sich auch der Kopf, deine Arme und deine Beine vom Boden abheben. Ziehe aktiv deine Fingerspitzen in Richtung Füße und baue deine Körperspannung auf.
3. Dein Gewicht liegt nun auf deinem Schambein und dem Unterbauch. Deine Bauch- und Rückenmuskeln arbeiten, um dich in der Rückbeuge zu halten.
4. Löse die Haltung nach ein paar Atemzügen mit der Ausatmung auf und spüre wieder nach in der Bauchentspannungslage.
5. Du kannst zur Unterstützung eine gefaltete Decke oder ein Kissen unter dein Schambein legen, sollte der Druck dort für dich unangenehm sein. Als Variation kann die Heuschrecke auch mit den Armen unter dem Körper geübt werden. Die Hände liegen dabei flach auf dem Boden oder bilden Fäuste unter dem Schambein. Bei dieser Variation liegt das Kinn auf dem Boden, sodass der Halsbereich gestreckt wird. Der Oberkörper bleibt auf dem Boden, durch die Hebelwirkung der Arme werden nur die Beine geschlossen nach oben gestreckt.

Das Kamel – Ustrasana

Diese Yogaübung ist eine intensive Rückbeuge. Du kannst jedoch in der hier beschriebenen sanften Variante bereits die Vorteile dieser herzöffnenden Asana spüren. Die Brustwirbelsäule wird schön gedehnt, sodass sich auch das Herzchakra angesprochen fühlen darf. Durch das Zurücklegen des Kopfes in den Nacken wird das Halschakra aktiviert. Bei Knieproblemen kannst du zur Vorbereitung eine gefaltete Decke bereitlegen, die du dann unter deinen Knien platzierst. Auch hier gelten die Vorsichtsmaßnahmen bei Verletzungen im Nacken- oder Brustwirbelbereich.

1. Knie dich auf deine Unterlage und setze dich zurück auf deine Fersen. Gib deinen Beinen zunächst Zeit, sich in dieser Sitzposition zu dehnen. Schließe gern die Augen und atme.
2. Mit der nächsten Einatmung hebe dein Gesäß von den Fersen ab, sodass du im Kniestand ankommst. Strecke deine Arme nach oben, um den Rücken zu strecken und in die Länge zu ziehen.
3. Bei der nächsten Ausatmung legst du beide Handflächen an deinen unteren Rücken und wölbst deine Brustwirbelsäule nach vorne. Dein Kopf wird kontrolliert in den Nacken zurückgelegt. Dein Halschakra darf sich nun öffnen und aktivieren. Mit jedem Atemzug kannst du ihm Energie schicken und das hellblaue Licht ausdehnen lassen.
4. Wenn du die Öffnung deines Herz- und Halschakras noch verstärken möchtest, kannst du versuchen, ein paar Atemzüge im nun bekannten Ujjayi-Atem zu nehmen.
5. Mit einer kräftigen Einatmung richtest du deinen Rücken wieder gerade auf, streckst die Arme noch einmal nach oben und kommst mit der Ausatmung zurück in den Fer-

sensitz. Spüre hier oder in der Rückenentspannungslage der intensiven Dehnung und fließenden Energie nach.

Der Bogen – Dhanurasana

Im Bogen vereinst du die Yogaübungen Kobra und Heuschrecke miteinander. Es ist daher ratsam, dass du diese beiden Asanas bereits kennst und praktiziert hast. Der Bogen stärkt, wie auch die anderen Rückbeugen, deine Rückenmuskeln und dehnt die Körpervorderseite. Deine Verdauungsorgane werden durch die Auflage auf den Boden und eine tiefe Atmung schön massiert und harmonisiert. Mit zunehmender Übung wirst du Kraft und Stärke aufbauen, welche auch deinem Selbstvertrauen zugutekommt. Beachte bitte, dass diese Übung bei Schwangerschaft oder Rückenverletzungen nicht geübt werden sollte.

1. Du befindest dich in der Bauchentspannungslage und atmest tief ein und aus. Durch diese bewusste Atmung spürst du bereits, wie deine Bauchorgane eine schöne Massage erhalten. Deine Arme liegen nach hinten gestreckt neben deinem Körper.
2. Mit der nächsten Ausatmung beugst du deine Knie und greifst deine Fußgelenke. Das Schambein presst zur Stabilisierung fest in deine Unterlage.
3. Mit einer Einatmung hebst du deine Knie vom Boden ab und drückst die Schienbeine und Füße weg vom Körper. Dein Oberkörper strebt ebenfalls nach oben, der Hals streckt sich, der Blick geht nach vorne.
4. Hier kannst du deine Schulterblätter noch näher zusammenbringen, sodass sich dein Brust- und Halsbereich noch mehr öffnen kann. Spanne den Bogen, gehe jedoch bitte immer vorsichtig und langsam dabei vor und vermei-

de ruckartige Bewegungen. Dein Atem führt dich durch die Asana.
5. Du kannst einige tiefe Atemzüge nehmen. Dabei sollte eine kleine Schaukelbewegung entstehen, die deine Verdauungsorgane massiert. Das Becken und das Schambein bleiben fest auf der Unterlage.
6. Mit einer Ausatmung lässt du die Füße los und legst dich zurück in die Bauchentspannungslage, denn erst hier können sich die aktivierten Energien harmonisieren.
7. Als Variation kannst du den Bogen mit weniger Spannung in der Wirbelsäule üben, indem du deine Oberschenkel auf dem Boden abgelegt lässt, deine Fußgelenke mit den Händen umfasst und nur den Oberkörper anhebst. Nutze immer aufpolsternde Hilfsmittel, sollte die Unterlage für dich unbequem sein.

Das Stirnchakra – Ajna Chakra

Das indigoblau leuchtende Stirnchakra ist der Sitz der Intuition, Zentrum der mentalen Wahrnehmung. Im Alter von etwa 36 bis 42 Jahren beginnt es meist, sich mit seiner Energie zu melden und Klarheit über den eigenen Lebensweg zu bringen. Rationales Denken und Intuition verbinden sich immer mehr zu einer eigenen inneren Wahrheit und deren Erkenntnis.

Hattest du schon einmal plötzlich eine zündende Idee, einen wahren Geistesblitz, der dir eine Lösung zuflüsterte? Das könnte eine Nachricht deines sechsten und damit vorletzten Hauptchakras gewesen sein. Bestimmt hast du schön öfter vom „dritten Auge" gehört. Insbesondere in spirituellen Kreisen wird diesem unsichtbaren Auge zwischen den Augenbrauen eine große Bedeutung zugeschrieben. Da das Stirnchakra energetisch gesehen sehr sensibel reagiert und Energien dort besonders spürbar werden, wird es oft als Fokus für Meditationen oder Atemübungen genutzt.

Dieses unsichtbare Auge erkennt Dinge auf anderen Ebenen, es handelt sich um eine spirituelle Wahrnehmung, die über das Alltägliche hinausgeht. Diesem Chakra wird das wohl bekannteste Mantra „OM" zugeordnet. OM ist eine heilige Sanskrit-Silbe, die für das Ganze und Universelle steht. Sie vereint die Vergangenheit, Gegenwart und Zukunft in sich, symbolisiert daher das Jetzt, den gegenwärtigen Moment. Wenn du es einmal singst, wirst du spüren, wie seine Vibration durch den Körper wandert und Harmonie erzeugt.

Verortung und Grundthema

Zwischen den Augenbrauen befindet sich das sechste Chakra und steuert von dort aus das gesamte feinstoffliche Energiesystem, die Chakren. Das Stirnchakra ist sozusagen die zentrale Schaltzentrale, die all die eintreffenden Informationen der anderen Chakren aufnimmt, analysiert, interpretiert und weiterverarbeitet. Es ist verknüpft mit dem Gehirn, den Augen und den Ohren. Körperliche Beschwerden in diesen Bereichen weisen darauf hin, dass das Stirnchakra unausgeglichen sein könnte.

Das Gehirn ist in zwei Hälften eingeteilt und jede davon hat ihre spezielle Aufgabe bei der Datenverarbeitung. Während sich die linke Gehirnhälfte vor allem mit rationalen Vorgängen, wie z. B. Sprache, Mathematik und Logik auseinandersetzt, kümmert sich die rechte Gehirnhälfte u. a. um die Emotionen, Körpersprache, künstlerischen Ein- und Ausdruck und die Intuition.

Die Aufgabe des Stirnchakras ist es, zwischen diesen beiden Hemisphären zu vermitteln. Es ist permanent damit beschäftigt, für den Menschen vorzusortieren, was richtig und falsch ist. Nur das, was seiner Überprüfung und Interpretation standhält und in das Konzept passt, wird für später gespeichert. Du siehst, das Stirnchakra hat so einiges zu tun, immer wieder zwischen Rationalität und Emotionalität zu vermitteln und abzuwägen. Daher ist es so wichtig, dass man daran arbeitet, ihm den Raum, die Konzentration und die Stille zu geben, die es für diese wichtige Aufgabe braucht.

Einwirkung auf den Lebensweg

Das unausgeglichene Stirnchakra

Da das Stirnchakra dafür zuständig ist, all die Informationen der restlichen Chakren zu verarbeiten, kann ein Ungleichgewicht zu wahrem inneren Chaos führen. Dann strömen all die Eindrücke ungefiltert auf dich ein, du fühlst dich regelrecht innerlich zerrissen und leidest unter dem Durcheinander der permanent einströmenden Gedanken. Wer kennt sie nicht, diese sich ständig innerlich widersprechenden Dialoge, die letztendlich zu keinem Ergebnis führen. Es fehlt die regulierende Instanz, die aussortiert und dem Verstand nur die wirklich wichtigen Informationen darbietet. Warst du schon einmal in einer Situation, in der du eine sehr wichtige Entscheidung treffen musstest und in deinem Inneren ein regelrechter Kampf zwischen verschiedenen Pros und Kontras entstand?

Manchmal kann das sogar schon bei einfachen Dingen passieren, dass diese inneren Dialoge so konfus sind, dass man gar nicht mehr weiß, wie man jetzt handeln soll. Das kann der Punkt sein, an dem du deine Entscheidungsfreiheit anderen überlässt, weil du selbst zu keinem Ergebnis kommst. Das öffnet Tür und Tor für Manipulation und Abhängigkeit. Die ganze Welt besteht aus Gegensätzlichkeiten, die den Menschen tagtäglich begegnen und oft auch herausfordern. Doch wenn der Verstand nicht in Balance ist, wird es noch schwieriger, diese Komplexität zu verstehen und nicht im inneren und äußeren Chaos zu versinken.

Ein unausgeglichenes Stirnchakra kann sich auch in Form von Rationalismus äußern. Innere und äußere Abläufe werden rein intellektuell und logisch gedeutet. Das schneidet dich jedoch von den Informationen der anderen Chakren ab, die verschiedene Themen auch aus anderen Perspektiven beleuchten wollen. Hierzu zählen vor allem verlässliche Daten und Fakten, welche zur Interpretation verschiedener Gegebenheiten herangezogen werden. Und diese wurden reichlich abgespeichert und dienen als verlässliches Konstrukt, das bei jeder Entscheidung herangezogen wird.

Doch was ist mit deiner Intuition, deinen Gefühlen und Instinkten? Das Leben bringt dir ständig neue Situationen, neue Herausforderungen und neue Lernchancen. Wenn diese immer unter dem Licht der bereits bestehenden Informationen beleuchtet werden, kann keine Entwicklung mehr stattfinden, das Leben wird starr.

Das ausgeglichene Stirnchakra

Wenn das Stirnchakra ausgeglichen ist, schaffst du es, die Dinge, die sich in deinem Leben zeigen, ohne Projektionen und Konditionierungen wahrzunehmen. Dein Geist ist klar und stark. Du erkennst, dass es nicht nur eine Wahrheit gibt, sondern kannst erkennen, dass eine höhere Wahrheit existiert, die aus dir kommt. Wenn du ihr lauschst und sie als diese identifizierst, sprengst du eingefahrene Handlungsmuster und entwickelst dich weiter, legst dein wahres Selbst frei. Es ist möglich, auf die Metaebene zu wechseln und deine Gedankenströme zu beobachten, um zu erkennen, dass du nicht diese Gedanken bist. Sie basieren auf Erfahrungen und Konditionierungen und haben dir immer geholfen, die Welt zu verstehen.

Die Intuition wird zunehmend stärker, wenn das sechste Chakra erwacht. Dadurch fällt es dir auch leichter, die einströmenden Informationen zu sortieren und zu interpretieren. Was unwichtig oder nicht deine eigene Wahrheit ist, wird zwar registriert, aber hat keine beeinflussende Macht mehr über dich. Du befindest dich in der Position einer übergeordneten Sichtweise und entscheidest mit Fokus und Klarheit. Es entsteht eine innere Struktur, die es dir ermöglicht, immer genauer zu sehen, was wirklich wichtig für dich ist.

Viele Menschen suchen im Leben nach ihrem Sinn und bleiben antriebslos und deprimiert, wenn er sich nicht zeigt. Da alle Menschen Schöpfer sind, wollen sie sich in dieser Welt verwirklichen. Doch in welche Richtung es gehen soll, kann die Ratio allein nicht vermitteln. Denn niemand im Außen, kein Buchwissen und keine wissenschaftliche Studie kann dir sagen, wofür du hier auf Erden bist. Deine Seele flüstert es dir zu, leise und still.

Wenn deine energetischen, inneren Augen und Ohren beginnen, zu sehen und zu hören, wird dir alles klar und dein Herz bestätigt deine Wahrheit. Hier wird auch deutlich, warum Meditation, Stille und Aufenthalte in der Natur so wichtig für dich sind. Um auf die Metaebene zu wechseln und deiner Intuition folgen zu können, muss der Lärm zuerst im Außen abgedreht werden, damit du innerlich sehen und hören kannst.

Übungen zur Harmonisierung des Stirnchakras

Wie du sicher bereits erkannt hast, braucht das Stirnchakra vor allem eins: Ruhe und Konzentration. Wenn es sich in den permanenten Gedanken und Emotionen verfängt, entsteht ein derartiges Durcheinander, dass du völlig blockiert sein kannst, da du nicht mehr weißt, was jetzt noch richtig oder falsch ist. Um das große Ganze sehen zu können, hilft es, die Vogelperspektive einzunehmen. Wenn du das Gesamtbild einer Situation sehen kannst, erkennst du die Zusammenhänge und musst diese nicht künstlich durch eigene Interpretationen ergänzen.

Übungen zur Harmonisierung sollten daher so aufgebaut sein, dass sie deinen Fokus schulen. In der Yogaphilosophie spricht man von „Ekagrata", die sogenannte „einpünktige Konzentration". Die Gedanken werden beruhigt. In dieser Stille ist es eher möglich, zu erkennen, was wirklich im Leben zählt. Diese innere Ruhe bedeutet, im Frieden mit sich und der Welt zu sein. Man weiß, dass Energie der Aufmerksamkeit folgt. Damit du diese Energie auf deinen Lebensweg richten kannst, braucht es den Fokus, der vorausgeht. Die nachfolgenden Reflexionsfragen, die Meditation und Yogaübungen wollen dir dabei helfen, diese Aufmerksamkeit aufzubauen und zu halten. Regelmäßig geübt, wird dein Geist sich immer mehr beruhigen und der Schleier der Illusionen lüftet sich.

Reflexionsfragen zu deinem Stirnchakra

1. Lebe ich mein Leben oder betrachte ich es eher von außen?
2. Kann ich Entscheidungen schnell treffen?
3. Welche Instanzen (Kopf, Herz, Bauch) sind für mich wichtig, um eine Entscheidung treffen zu können?
4. Suche ich mir Entscheidungshilfen im Außen, z. B. durch Ratgeber oder andere Personen?
5. Wie oft habe ich das Gefühl, dass meine Gedanken mich dominieren?
6. Schaffe ich es, auch Stille auszuhalten?

7. Wie leicht fällt es mir, länger und konzentriert an einer Sache zu arbeiten?
8. Wie sehr genieße ich es, mich weiterzubilden und neues Wissen zu erlangen?
9. Interessiert mich meine spirituelle Weiterentwicklung?
10. Kann ich wichtige von unwichtigen Informationen unterscheiden?
11. Verliere ich mich in der Informationsflut der Medien?
12. Nehme ich mir regelmäßig Zeit für eine Innenschau?
13. Brauche ich zur eigenen Orientierung die Ratschläge und Empfehlungen anderer?

Meditation für das Stirnchakra

In dieser Meditation geht es um die Konzentration auf das Mantra OM, welches dem Stirnchakra zugeordnet wird. Du hast ja bereits erfahren, dass es das Jetzt repräsentiert und dir somit verhilft, im gegenwärtigen Moment zu bleiben. Das ist besonders hilfreich, wenn es darum geht, den Gedankenstrom auf Metaebene zu beobachten, anstatt sich darin verwickeln zu lassen. Du kannst für diese Meditationsübung entweder eine Audiodatei mit dem Mantrachant abspielen, es selbst tönen oder OM innerlich rezitieren.

1. Komme in deiner Meditationshaltung an und schließe die Augen. Über eine tiefe und bewusste Bauchatmung kannst du deinen Körper und Geist zunächst zur Ruhe bringen und entspannen.
2. Konzentriere dich nun auf die Stelle zwischen deinen Augenbrauen, das dritte Auge. Vielleicht kannst du es sehen oder spürst ein leichtes Kribbeln. Visualisiere das indigofarbene Energierad, wie es pulsiert und sich von deiner unteren Stirn aus ausdehnt.

3. Lasse die Silbe OM vor deinem geistigen Auge auftauchen. Synchronisiere deinen Atem mit der Rezitation des Mantras, sei es mental oder durch Tönen. Du kannst zum Beispiel mit jeder Einatmung OM und mit jeder Ausatmung OM denken. Wenn du es singst, atme ein und töne es mit der Ausatmung. Spüre, wie dein Körper zu vibrieren beginnt. Finde deinen eigenen Rhythmus und halte deine Konzentration auf das Mantra. Es ist wie ein hilfreicher Anker, der dich in der Meditation hält. Wenn Gedanken auftauchen, kehrst du zurück zu deinem Mantra. Es ist ganz normal, dass sie diesen leeren Raum nutzen wollen, um aufzutauchen und deine Aufmerksamkeit zu bekommen. Übe trotzdem weiterhin, immer wieder zu deinem Ausgangspunkt, dem OM, zurückzukehren.
4. Praktiziere diese Meditation regelmäßig und so lange du dich dabei ruhig und entspannt fühlst.
5. Zum Abschluss der Meditation verweile noch etwas in Stille und lausche dem Nachhall des Mantras.

Yogaübungen für das Stirnchakra

Das Stirnchakra liebt es, Yogahaltungen ruhig und fokussiert zu halten und in eine hingebungsvolle Stille einzutauchen. Dadurch eröffnest du den Raum für deine übersinnliche Wahrnehmung und Intuition. Grundsätzlich sind alle Yogaübungen sinnvoll, die geistige Ruhe fördern und dein Nervensystem beruhigen. Die anschließend vorgestellten Yogaasanas leben von deiner Hingabe und der Fähigkeit, loszulassen, dich leer zu machen wie ein Gefäß, das dann mit einer tieferen Wahrheit gefüllt werden möchte.

Bei beiden Übungen handelt es sich um Vorbeugen, die den Bauchraum komprimieren und die Wirbelsäule beugen und dehnen. Bei einer Schwangerschaft sollte daher die geöffnete Variation geübt werden. Wenn Rückenbeschwerden auftauchen, ist es wichtig, die Intensität der Vorbeuge zu reduzieren und einen Arzt oder Heilpraktiker aufzusuchen, um die Beschwerden abklären zu lassen. Bei bereits vorliegendem akutem Bandscheibenvorfall sollten die Yogaübungen zunächst nicht durchgeführt werden bzw. nur unter Anleitung eines Physiotherapeuten oder erfahrenen Yogalehrers.

Die Kindhaltung – Balasana

Die Haltung des Kindes ist eine wunderschöne Yogaübung, die dich zurückführt in die Geborgenheit und Sicherheit eines schlafenden Kindes. Oft wird sie in Yogastunden empfohlen, um den Atem wieder zu beruhigen. Hier werden die Hüften, Oberschenkel und Fußgelenke schön gedehnt und Verspannungen im Rücken, in den Schultern und im Nacken gelöst. Aufgrund der Kompression der Verdauungsorgane wirkt die tiefe Atmung wie eine innere Massage. Da in der Kindhaltung die Stirn auf dem Boden aufliegt, wird das Stirnchakra direkt angesprochen. Sie fördert Ruhe und Klarheit und ist eine perfekte Haltung, die du auch im Alltag integrieren kannst, wenn du deine Konzentrationsfähigkeit erhöhen möchtest.

1. Komme auf deine Unterlage in den Fersensitz. Bei Knieproblemen kannst du eine gefaltete Decke oder flache Kissen unterlegen. Deine Knie und Füße sind geschlossen, dein Gesäß ruht auf den Fersen, Rücken und Nacken sind gerade und aufgerichtet. Schließe die Augen und komme über deine tiefe Atmung hier bei dir an.
2. Mit der nächsten Ausatmung beugst du dich nach vorne, sodass dein Bauch und deine Brust auf den Oberschenkeln aufliegen. Die Stirn berührt den Boden. Du kannst auch ein Kissen unter die Stirn legen und so die Dehnung in deinem Rücken vermindern.

3. Deine Arme kannst du entweder nach vorne ausstrecken und locker auf dem Boden ablegen, oder du lässt sie nach hinten neben deinen Körper sinken.
4. Lenke deine Aufmerksamkeit auf dein Stirnchakra, das dritte Auge und Sitz deiner Intuition. Spüre die Klarheit, die sich hier zeigen möchte. Gedanken können kommen und gehen, doch du bleibst fokussiert auf dein sechstes Chakra.
5. Da du jetzt bereits mit der Ujjayi-Atmung vertraut bist, kannst du sie hier anwenden und so noch tiefer in die Ruhe und Entspannung der Kindhaltung eintauchen.
6. Beende die Yogaübung in deiner Zeit und komme achtsam mit einer tiefen Einatmung nach oben. Du kannst im Fersensitz verweilen oder in der Rückenentspannungslage nachspüren.
7. Wenn du den Druck auf den Bauch als unangenehm empfindest oder schwanger bist, kannst du die Knie auch auseinanderbringen und dich zwischen deinen Beinen ablegen. Die Dehnung in der Hüfte wird dadurch verstärkt. Lege also unbedingt Kissen unter, um diese abzumildern.

Die Kopf-zum-Knie-Haltung – Janu Sirsasana

Auch diese Yogaübung beruhigt deinen Geist und ist auch eine sehr schöne Haltung vor dem Schlafen, da es das Nervensystem beruhigt. Hier kannst du dich der Schwerkraft deines Oberkörpers hingeben und die wohltuende Dehnung im Rücken genießen. Bei Knieverletzungen solltest du vorsichtig vorgehen und das Bein nicht ganz durchstrecken. Diese Haltung ist auch dann noch wirksam, wenn dein Bein leicht angewinkelt bleibt. Hilfsmittel, wie z. B. Yogablöcke, können dir helfen, dass du die Stirn ablegen kannst, wenn sie momentan noch nicht das Bein erreicht.

Chakra Komplett-Anleitung

1. Setze dich auf deine Unterlage und strecke die Beine gerade nach vorne aus. Du kannst hier in die bereits bekannte Stabhaltung kommen, um deinen Rücken noch mehr in die Länge und deine Schultern von den Ohren wegzuziehen. Spüre die Auflagepunkte deiner Beine, deines Gesäßes und verbinde dich mit dem Atem.
2. Mit der nächsten Einatmung ziehst du das linke Knie zu dir heran, mit der Ausatmung lässt du es nach links außen absinken. Wenn du kannst, ziehe deinen linken Fuß noch näher an das Schambein heran. Die Fußsohle drückt gegen deinen rechten Oberschenkel. Wenn das linke Knie in der Luft ist, kannst du ein Kissen darunterlegen, um es zu stabilisieren.
3. Hebe einatmend die Arme nach oben und strecke deine Wirbelsäule und deinen Nacken noch einmal in die Länge. Mit der Ausatmung beugst du dich nach vorne über dein ausgestrecktes rechtes Bein und hältst den Fuß mit den Händen fest. Wenn du ihn noch nicht erreichst, kann dir ein Yogagurt oder ein Tuch helfen. Wichtig ist, dass du deinen Rücken nicht rundest, sondern aus der Hüfte gerade nach vorne kommst.
4. Ziehe dich bitte nicht in die Haltung, sondern lasse die Schwerkraft deines Oberkörpers wirken. Deine Beine dürfen die Dehnung spüren, dein Rücken sollte aber zu jeder Zeit entspannt und vor allem schmerzfrei sein.
5. Vertiefe die Atmung. Bei jeder Einatmung kannst du deinen Rücken noch etwas mehr in die Länge ziehen, bei der Ausatmung sinkst du tiefer über dein gestrecktes Bein. Ein Yogablock, neben dem Bein aufgestellt, kann dir ermöglichen, deine Stirn abzulegen.
6. Konzentriere dich auch hier wieder auf dein drittes Auge und halte den Fokus. Der Ujjayi-Atem kann dich dabei

unterstützen, noch mehr Ruhe und Entspannung zu kultivieren.
7. Mit einer Einatmung kommst du in deiner Zeit aus der Haltung und streckst wieder beide Beine nach vorne aus. Baue die Yogaübung nun genau so achtsam auf der rechten Seite auf.
8. Beende die Kopf-zum-Knie-Haltung in der Rückenlage und spüre nach.

Das Kronenchakra – Sahasrara Chakra

Bei deiner Reise durch das feinstoffliche Energiesystem bist du beim letzten der sieben Hauptchakren angekommen, dem Kronenchakra. Das siebte Chakra ist das Tor zu deinem höheren Selbst. Doch was ist das eigentlich?

Dein höheres Selbst ist sozusagen dein wahres Ich, das die limitierenden Grenzen des irdischen Daseins eigentlich nicht kennt und mit allem verbunden ist. Du kannst nach dieser Reise durch deine Chakren vielleicht schon spüren und erkennen, dass du so viel mehr bist als dein Ego, das sich hier auf Erden durchsetzen will. Wenn du in höhere Bewusstseinszustände vordringst, merkst du, dass du eigentlich eine Mission hast, einem Seelenplan folgst. Dein höheres Selbst ist deine pure Authentizität und völlig frei von Emotionen, wie Angst, Trauer oder Unzufriedenheit.

Wenn du wieder lernst, deiner Intuition zu folgen und die Zeichen deines höheres Selbst erkennst und zu interpretieren lernst, stellt sich mehr Ruhe und Gelassenheit in deinem Leben ein. Denn dann geht es nicht mehr darum, die Erwartungen anderer erfüllen zu müssen und Verhaltensweisen anderer zu kopieren, du verwirklichst dich selbst hier auf Erden. Damit du dein höheres Selbst spüren und hören kannst, braucht es einen achtsamen Weg, der den Moment, das Jetzt würdigt. Wenn du die bereits empfohlenen Übungen zu den anderen Chakren durchgeführt hast, bist du auf dem besten Weg, diese Achtsamkeit in dein Leben zu integrieren.

Verortung und Grundthema

Das weiß oder lila leuchtende Kronenchakra befindet sich oberhalb des Scheitelpunktes, wo beide Gehirnhemisphären zusammentreffen, und wird der Zirbeldrüse, der Hypophyse und dem Hypothalamus zugeordnet. Dieses Energiezentrum hat demnach einen großen Einfluss auf das gesamte Hormonsystem und das vegetative Nervensystem. Bereits René Descartes schrieb über die Zirbeldrüse: „Es gibt eine kleine Drüse im Gehirn, in der die Seele ihre Funktion spezieller ausübt als in jedem anderen Teil des Körpers". Hier befindet sich also die Schaltstelle zwischen dem irdischen Selbst und dem kosmischen höheren Selbst. Über die Zirbeldrüse kannst du Kontakt herstellen zu einem höheren Bewusstsein, das Individuum verbindet sich mit dem Kosmos.

Im Licht des Kronenchakras werden die eigenen Verhaltensmuster und Gedankenströme demütig und klein, ja sogar unnötig. Das Grundthema des siebten Chakras ist demnach das eigene Denken zu transzendieren, einen höheren Bewusstseinszustand zu erreichen, die Verbindung zum Göttlichen wieder herzustellen und das Gefühl der Trennung vom Anderen aufzuheben. Man spricht auch von dem Weg zur Erleuchtung, der dazu führen soll, dass man sich aus der Bindung an die duale Welt befreit und den Kreislauf der Wiedergeburt durchbricht.

Es wird davon ausgegangen, dass man im Alter von etwa 43 bis 49 Jahren einen Chakrenkreislauf durchlaufen ist und sich durch das

Erwachen des Kronenchakras nun immer verbundener fühlt mit seinem universellen Ich.

Auswirkung auf den Lebensweg

Das unausgeglichene Kronenchakra

Bei einem unausgeglichenen Kronenchakra fehlt die Verbindung mit der Seele. Man kann sie nicht verstehen, wahrnehmen, geschweige denn ihre Botschaften erkennen und deuten. Oft führt dies dazu, dass man sich ängstlich an das Leben klammert und alles festhalten will, was damit einhergeht, beispielsweise materieller Besitz, Gesundheit oder bestimmte Personen. Die Ausbildung der eigenen Individualität und die Identifikation damit stehen im Mittelpunkt aller Bemühungen. Die Realität, dass das Leben auf Erden endlich ist, wird so gut es geht verdrängt. Sehr hilfreiche Mittel dafür sind Süchte aller Art. Sie lenken die Menschen ab und erleichtern die Angst vor dem Ungewissen. Alles, was in die innere Stille führen würde, wird aufgrund dieser Angst vermieden oder durch Dauerberieselung, wie z. B. durch Medien, übertüncht. Diese Bemühungen lassen dich passiv und abgestumpft werden. Der Körper steht permanent unter Stress, weil dich dieser Alltag der permanenten Bespaßung und des ununterbrochenen Zudröhnens auslaugt. Die äußeren Reize, die du kreierst, werden irgendwann nicht mehr ausreichen, um dich ruhigzustellen oder Freude zu generieren. Langeweile und Sinnlosigkeit führen nicht selten in depressive Zustände, Empathielosigkeit, Egoismus und letztendlich Isolation. Gedanken an die Vergangenheit rufen einen tiefen Schmerz hervor, da sie unwiederbringlich ist. Gedanken an die Zukunft wiederum erzeugen Angst und Sorgen, weil sie unkontrollierbar ist. Um dein Kronenchakra wieder ins Gleichgewicht zu bringen, ist es demnach wichtig, zu erkennen, dass du jetzt lebst und eigentlich grenzenlos bist. Du erschaffst dir deine eigenen Grenzen, dein Gefängnis, das zugleich Fluch und Segen für dich darstellt.

Das ausgeglichene Kronenchakra

Wenn das Kronenchakra immer mehr in Harmonie gebracht wird, erkennst du zunehmend, dass du nicht getrennt voneinander bist. Spirituelle Techniken, wie Meditation und Yoga, können jetzt verstärkt dein Interesse wecken, weil du spürst, dass es mehr gibt als das, was du auf dieser Welt wahrnehmen kannst. Jetzt machst du dich auf den Weg, dieses höhere Bewusstsein zu erforschen. Du definierst dich selbst nicht mehr über Äußerlichkeiten oder Status. Eine tiefe Freude, Dankbarkeit und Achtsamkeit kommen aus dir selbst heraus, unabhängig von äußeren Begebenheiten. Du folgst deiner Intuition und handelst in Klarheit zum Wohle der Allgemeinheit. Das Gefühl des Friedens stellt sich immer umfänglicher ein und du verstehst mehr und mehr das große Ganze, die kosmische Wahrheit.

Übungen zur Harmonisierung des Kronenchakras

Wichtig ist, zu verstehen, dass du, um dein Kronenchakra zu harmonisieren, nichts erzwingen musst. Wie bei allen Übungen gilt, der Weg ist das Ziel und dieser Weg führt über das unterste Chakra hinauf bis ins Kronenchakra. Diese beiden Chakren sind eng miteinander verknüpft. Denn wer nicht stabil und verwurzelt im Leben steht, läuft Gefahr, in die spirituelle Welt abzudriften und sich in Spiritualität zu flüchten, um die „Widrigkeiten" der Welt nicht mehr ertragen zu müssen.

Doch die Menschen sind eben beides: Spirituelle Wesen, die in einem menschlichen Körper eine irdische Erfahrung machen.

Die Öffnung und Aktivierung aller Chakren ist ein Prozess, der bewusst und achtsam voranschreiten sollte. Mit zunehmender Erfahrung und Selbsterforschung, begreifst du immer mehr, was eigentlich mit dem All-Eins-Sein gemeint ist, wie du deiner Intuition folgen kannst und warum du dich an dein irdisches Leben klammerst. Jedes Chakra hält Geschenke für dich bereit, die du zunächst erkunden, verstehen und integrieren willst. Es hilft nichts, in spirituellen Aktivismus zu verfallen und alles mitzunehmen, was sich dir auf diesem Markt anbietet, um letztendlich die Erleuchtung zu erreichen. Prüfe daher für dich, welche Praktiken und Themen dich wirklich weiterbringen und Resonanz in dir erzeugen.

Das Kronenchakra liebt spirituelle Praktiken. Das ist auch der Grund, warum du in ihnen manchmal einen kleinen Geschmack von dieser unbegründeten inneren Freude erhältst. Mach dich also auf deinen persönlichen Weg und finde die Meditation, den Yogastil, die spirituelle Schrift etc., die dich ansprechen und du mit Lust und Freude studieren und praktizieren möchtest. Dabei ist es nicht entscheidend, ob diese an eine spezielle spirituelle Richtung oder Religion gebunden sind. Es gibt viele Wege, die zu einem Ziel führen, Hauptsache du bewegst dich darauf zu und genießt deine Entwicklung.

Reflexionsfragen zu deinem Kronenchakra

1. Sind innere Versenkung und Stille positive Zustände für mich?
2. Spüre ich eine Sehnsucht nach spiritueller Weiterentwicklung?

3. Ist das Konzept eines höheren Selbst für mich vorstellbar oder gar spürbar?
4. Habe ich Tendenzen oder Sehnsüchte, von dieser Welt flüchten zu wollen?
5. Glaube ich an eine höhere Verbindung, z. B. zu Gott oder dem Universum?
6. Konnte ich bereits diesen Zustand des inneren Friedens spüren?
7. Welche spirituellen Praktiken interessieren mich besonders?
8. Wie ernsthaft versuche ich, meine Spiritualität zu entwickeln?
9. Ist es mir möglich, in der Meditation abzuschalten und mich angebunden zu fühlen?
10. Was denke ich über das Konzept der Erleuchtung?

Meditation für das Kronenchakra

Um in die Verbindung mit deinem Kronenchakra zu kommen, kannst du regelmäßig bewusst Zeiten der Stille in deinen Alltag einplanen. Es muss nicht immer in einer Meditationshaltung sein. Heutzutage ist es schon fast verpflichtend, dass man permanent über das Handy oder per E-Mail erreichbar ist. Aber willst du das eigentlich?

Frage dich daher selbst, wie es dir damit geht, auch mal nicht erreichbar zu sein und dem Druck der anderen nicht nachzugeben. Es muss ja nicht gleich ein Schweige-Retreat über mehrere Tage sein, um die Schönheit der Stille zu erkunden. Kannst du dir vorstellen, vielleicht täglich mit 5 Minuten Schweigen zu beginnen, in denen du keine Störung von außen erfährst? Wenn das zu Hause nicht möglich ist, nutze die nachfolgende Gehmeditation, um dir täglich diese Ruhe zu gönnen. Die Dauer und Länge sind nicht entscheidend. Wichtiger ist, mit welcher Achtsamkeit und in welchem Bewusstsein du diese Meditation begehst.

1. Bereite dich auf deinen Spaziergang vor. Wähle die passende Kleidung, schalte dein Handy auf lautlos und gib Angehörigen evtl. Bescheid, dass du jetzt für eine gewisse Zeit nicht erreichbar bist. Wie gesagt, die Dauer ist zunächst einmal nicht ausschlaggebend und eine Runde um den Block zu gehen, kann schon Wunder wirken, um bei sich anzukommen.
2. Bevor du deinen ersten Schritt tust, schließe kurz die Augen und bringe deine Aufmerksamkeit über deinen Scheitel zu deinem Kronenchakra. Stell dir vor, wie es als helles weißes oder violettes Licht über deinem Kopf erstrahlt und dich auf deinem Spaziergang begleitet.
3. Öffne die Augen und gehe deine ersten Schritte. Nimm dir vor, in der nun angebrochenen Zeitspanne nicht zu sprechen. Du kannst Menschen, denen du begegnest zulächeln, aber versuche, dich nicht in ein Gespräch verwickeln zu lassen. Sollte es doch so sein, sammle dich wieder mit der Konzentration auf dein Kronenchakra und gehe dann weiter.
4. Ziemlich schnell werden Gedanken aufkommen und deine Konzentration abziehen. Du kannst dir ein kleines Ritual überlegen, welches dir helfen soll, die Gedanken freundlich weiterzuschicken. Du könntest z. B. kurz in den Himmel blicken und den Gedanken als Wolke weiterziehen lassen, oder du hebst ein Steinchen auf und sammelst für jeden Gedanken eins in deiner Jackentasche usw. Werde kreativ und kämpfe nicht mit den Gedankenströmen. Der Kampf würde deine Aufmerksamkeit länger bündeln, als eine liebevolle Geste des Loslassens.

5. Natur ist die beste Medizin für den Menschen und die Chakren lieben ihre Energie. Du kannst auf deinem Spaziergang dein Licht des Kronenchakras aussenden und deine Strahlen all den Tieren, Insekten, Pflanzen und Bäumen schicken.
6. Sehr schön kann es auch sein, den Atem mit deinen Schritten zu synchronisieren, bewusst und langsam zu schreiten.
7. Beende deinen Spaziergang wie du ihn begonnen hast und schließe vor dem Betreten deiner Wohnung oder deines Hauses noch einmal kurz die Augen, um dein Kronenchakra zu visualisieren. Danke dir selbst, dass du dir diese Zeit der Stille geschenkt hast und komme dann wieder geerdet und gleichzeitig verbunden mit deinem höheren Selbst im Hier und Jetzt an.

Yogaübung für das Kronenchakra

Unter den Yogaübungen sind vor allem jene Haltungen für das Kronenchakra harmonisierend, bei denen die Welt Kopf steht und sich das Herz über dem Kopf befindet. So wird z. B. gerne der Kopfstand (Shirsasana) als Körperhaltung für das Kronenchakra empfohlen. Dieser sollte jedoch nur von erfahrenen Yogapraktizierenden geübt werden, da der Aufbau der dafür nötigen Muskulatur etwas Zeit braucht und auch nötig ist, um Verletzungen an der Halswirbelsäule zu vermeiden. Fortgeschrittene Yogaasanas sollten allgemein immer mit erfahrenen Yogalehrern erlernt und geübt werden, damit sie auch wirklich ihr volles Potential entfalten können.

Es gibt jedoch eine Yogastellung, die du bereits im Laufe dieses Buches einige Male eingenommen hast und dich ebenfalls mit der Energie deines Kronenchakras verbindet. Diese letzte Yogaübung sollte nach keiner Sequenz fehlen und wird von vielen Yogis im Anschluss an eine Yogastunde sehnsüchtig erwartet.

Die Totenhaltung – Shavasana

Die Totenhaltung ist die Rückenentspannungslage am Schluss einer jeden Yogastunde. Das hört sich zunächst sehr einfach an, es kann aber durchaus herausfordernd sein, den Körper nicht mehr zu bewegen, die Gedanken verstummen zu lassen und den Atem seinem natürlichen Rhythmus zu übergeben. Diese abschließende Haltung ist daher so wichtig, weil sie hilft, all die vorher aktivierten Energien, die durch die Yogaübungen freigesetzt wurden, harmonisch im Körper verteilen zu lassen. Jetzt beginnt der wirkliche Stressabbau für den Körper. Shavasana sollte daher nicht ausgelassen werden, selbst wenn es kurz ausfallen muss. In manchen Yogatraditionen werden in dieser Abschlussphase noch Übungen zur progressiven Muskelrelaxation, Bodyscan, Affirmationen oder Traumreisen angeleitet, um in der Totenhaltung noch tiefer entspannen zu können. Nicht wenige haben in dieser kurzen Phase der Endentspannung ihren heilsamsten Powernap gefunden.

1. Bevor du dich in die Totenhaltung legst, stelle sicher, dass du warm angezogen bist, oder du dich mit einer Decke vor dem Auskühlen schützt.
2. Du kannst dich noch einmal strecken und den Rücken langziehen. Deine Füße liegen etwa hüftbreit auseinander und fallen locker nach außen. Die Beine berühren sich nicht.
3. Deine Arme liegen mit etwas Abstand vom Körper, deine Handflächen zeigen nach oben.

4. Dann drehst du den Kopf noch ein paar Mal von Seite zu Seite, bis er sich natürlich in der Mitte einpendelt und in Verlängerung der Wirbelsäule liegt.
5. Ziehe deine Schultern bewusst nach unten von den Ohren weg, dein Nacken ist lang. Du kannst das Kinn kurz etwas zur Brust ziehen, um diese Länge im Nacken herzustellen.
6. Nimm noch ein paar tiefe Atemzüge bis in den Bauchraum und finde anschließend zu deinem natürlichen Atemfluss.
7. Jetzt beginnt Shavasana, eine Zeit, in der dein Körper regungslos daliegt, dein Atem natürlich fließt und deine Gedanken durch dich hindurchfließen. Es gibt nichts mehr zu tun. Genieße dieses Nichtstun in vollen Zügen, mehrere Minuten lang.
8. Um deine Totenhaltung zu beenden, kehrst du zuerst zu deiner tiefen Bauchatmung zurück. Langsam bewegst du Zehen, Füße, Finger und Hände. Wenn du den Impuls verspürst, dich strecken zu wollen oder zu gähnen, gib ihm nach.
9. Rolle dann auf eine Seite und mach dich nochmal klein wie ein Baby im Mutterleib. Verweile hier kurz, bevor du dann schließlich langsam ins Sitzen kommst. Spring nicht sofort auf und gehe aufwühlenden oder anstrengenden Aktivitäten nach. Nimm dir ein wenig Zeit, um wirklich in deinem Körper und deiner Umgebung anzukommen.

Die tägliche Chakrenreinigung

Die tägliche Chakrenreinigung kann zu einem Ritual werden, das du ganz selbstverständlich durchführst, wie das Putzen deiner Zähne. Doch warum sollte man sie reinigen? Können Chakren denn verschmutzt sein?

Chakren können verunreinigt sein, was zu einer Blockade des Energieflusses führt. Die Folge ist, dass die physische und/oder psychische Gesundheit darunter leidet, da die Energiezentren auch mit dem physischen Körper und der Gefühlswelt verbunden sind und sich darüber ausdrücken. Es muss nicht gleich eine Erkrankung vorliegen, aber du könntest z. B. ein unangenehmes Druckgefühl oder Abgeschnürtheit empfinden, dich grundlos traurig oder erschöpft fühlen.

Man kann bei der Verunreinigung unterscheiden zwischen Fremdenergien, harmlosen Verspannungen und tiefsitzenden Blockaden, die sich durch Traumata im Laufe des Lebens ergeben haben. Die Chakrenreinigung dient dazu, dass auf täglicher Basis die Ausgeglichenheit im Energiesystem wieder hergestellt wird.

Es gibt verschiedene Möglichkeiten, um deine Chakren zu reinigen:

- Chakrenmeditation
- Yoga
- Affirmationen
- Chakra-Farben
- Chakra-Heilsteine

- Massagen
- Chakra-Öle

Die Möglichkeiten, deine Chakren über Meditation und Yoga anzusprechen und dadurch zu reinigen, hast du bereits in den einzelnen Kapiteln über die Chakren erfahren. Du kannst aber auch eine Meditationssitzung machen, in der du bewusst kurz mental durch jedes einzelne Chakra wanderst und ihm reinigende Energie sendest. Auch die verschiedenen Yogaübungen, die du kennenlernen konntest, unterstützen die Chakren in der Reinigungsphase.

Affirmationen können helfen, das seelische Gleichgewicht wieder herzustellen und so die Chakrenreinigung unterstützen. Sie erzeugen positive Gedanken, was den Energien der Chakren sehr zuträglich ist. Die Schwierigkeit bei Affirmationen kann sein, dass sie nicht glaubwürdig sind und dann ihren Effekt nicht entfalten können. Wähle daher positive Affirmationen, die ein inneres Ja in dir erzeugen. Eine Möglichkeit könnte sein, die positive Affirmation als Entwicklungsziel zu formulieren. Hier kannst du verschiedene Beispiele zu den einzelnen Chakren sehen, die du natürlich individuell anpassen kannst:

1. **Wurzelchakra:** Ich spüre immer mehr, dass ich meinen Platz hier auf der Erde habe.
2. **Sakralchakra:** Schritt für Schritt lerne ich, mit dem Leben zu fließen und es zu genießen.
3. **Solarplexuschakra:** Ich baue meine innere Kraft und Stärke zunehmend auf.
4. **Herzchakra:** Mit der Zeit öffne ich mein Herz voller Mitgefühl.
5. **Halschakra:** Es fällt mir immer leichter, meine Wahrheit auszusprechen.

6. **Stirnchakra:** Ich blicke in die Welt durch das Auge meiner Seele.
7. **Kronenchakra:** Immer stärker verbinde ich mich mit der Quelle höchster Freude.

In den nachfolgenden Kapiteln wirst du noch erfahren, wie die Farben der Chakren und entsprechende Heilsteine zugeordnet werden. Auch diese Aspekte können der Chakrenreinigung dienen. So kannst du entsprechende Kleidung oder Schmuck mit Heilsteinen tragen, die einem bestimmten Chakra zugeordnet werden. Auch das Auflegen der jeweiligen Steine auf das Chakra kann sehr wohltuend und reinigend wirken.

In der schamanischen Tradition wird z. B. empfohlen, zunächst eine Dusche zu nehmen und die Chakren mithilfe des fließenden Wassers zu reinigen. Dafür bringst du deine Hand auf Höhe des Chakras und formst mit deinem Finger davor eine Spirale entgegen dem Uhrzeigersinn. Visualisiere, wie das Wasser über dein Chakra fließt und es säubert.

Wenn du das Gefühl hast, dass die Reinigung fertig ist, drehst du die Spirale zurück im Uhrzeigersinn und verschließt das Chakra wieder. Gehe so alle Chakren durch. Anschließend kannst du mit einem Öl deiner Wahl deinen Körper massieren. Die Möglichkeit der Selbstmassage kann dir helfen, Spannungen im Körper abzubauen, was auch einen reinigenden Effekt auf deine Chakren hat. Beginne unten bei den Zehen und arbeite dich langsam und bewusst Richtung Schädeldecke vor. Deine innere Visualisierung der Chakrafarben unterstützt diesen Prozess.

Das Energiesystem spricht auch sehr positiv auf bestimmte ätherische Öle an. So kannst du deine Chakrenreinigung mithilfe einer Aromatherapie unterstützen. Mittlerweile gibt es auf dem Markt entsprechende Öle, die den Chakren zugeordnet werden. Du kannst aber auch anhand der nachfolgenden Aufstellung deine eigene Chakren-Aromatherapie kreieren.

1. **Wurzelchakra:** Weihrauch, Arznei-Engelwurz, echtes Johanniskraut, Patschulipflanze
2. **Sakralchakra:** Kriechwacholder, Neroli, Rosmarin, Orange, Nelke
3. **Solarplexuschakra:** Pfefferminz, Schafgarbe, Zitrone, Majoran
4. **Herzchakra:** Rose, Rosenholz, Basilikum, Melisse
5. **Halschakra:** Salbei, echte Kamille, Zitronengras
6. **Stirnchakra:** Fichte, Muskat-Salbei, Elemi, Lavendel
7. **Kronenchakra:** Geranie, Sandelholz, Myrrhe, Tigergras

Die Farbenwelt der Chakren erkunden

Wie du bereits erfahren hast, wird jedem einzelnen Chakra eine Farbe zugeordnet. Jedes Chakra schwingt in einer ganz bestimmten Frequenz, die den dir bekannten Farbfrequenzen entsprechen. Du hast in den einzelnen Kapiteln die jeweilige Erfahrungswelt der Chakren kennengelernt. Die zugeordneten Farben entsprechen dabei diesen seelischen Themen und können in Form einer Farbtherapie sehr heilsam für das jeweilige unausgeglichene Chakra sein.

Mit der nachfolgenden Meditation hast du die Möglichkeit, in die Farbenwelt der Chakren einzutauchen. Du kannst dies rein mental vollziehen oder dir Papier, Farben und Stifte bereitlegen und anschließend, oder auch mitten in der Meditation, deiner Kreativität freien Lauf lassen. Du wirst spüren, zu welchen Farben es dich besonders hinzieht, welche du als angenehm empfindest oder eher ablehnst. Dein so entstandenes Bild kann dir Anhaltspunkte über den aktuellen Zustand deines Energiesystems liefern und sehr heilsam für dich sein.

Lies dir den nachfolgenden Text laut oder leise durch und halte nach jedem Chakra kurz inne. Wenn du möchtest, kannst du in dieser Pause sofort beginnen, die entsprechende Farbe auf dein Papier aufzutragen. Es geht nicht darum, einem bestimmten künstlerischen Anspruch zu genügen. Erinnere dich an das Sakralchakra, es ist ein Spiel und deine Chakren lieben es, wenn du deiner Innenwelt Ausdruck verleihst. Alternativ könntest du auch dazu schreiben oder einfach innere Bilder entstehen lassen, die du während und nach dem Lesen für dich in Stille genießt.

1. Sitze aufrecht mit geradem Rücken in einem Sitz mit gekreuzten Beinen, auf einem Stuhl oder im Fersensitz. Lege die Hände jetzt locker auf deinen Oberschenkeln ab. Wenn deine Handflächen nach unten zeigen und aufliegen, verbindest du dich mit dir selbst. Zeigefinger und Daumen kannst du zusammenbringen ins Chin Mudra, sodass der Energiekreislauf geschlossen ist. Schließe sanft die Augen und verbinde dich mit deinem natürlichen Atemfluss, indem du ihn als stiller Beobachter wahrnimmst.

2. **Wurzelchakra**

   Atme ein und folge deinem Atem bis an das Ende deiner Wirbelsäule. Visualisiere dort ein dunkelrotes Licht, das warm erstrahlt. Dieses erste Energiezentrum verbindet dich mit dem Boden auf dem du sitzt, mit der Erde, die dich tagtäglich trägt. Stelle dir vor, wie dein rotes Licht in deine Beine, deine Füße, in den Boden hineinstrahlt und diese Strahlen, wie feine Wurzeln, hineinwachsen und sich mit der Erdenergie verweben. Der Untergrund, auf dem du sitzt, gibt dir Halt und Sicherheit, du kannst nicht fallen. Mutter Erde hält dich geborgen und umsorgt dich. Vertraue dir und anderen und damit dem Prozess, in dem du fest verwurzelt bist und dennoch flexibel wachsen darfst. Stabil stehst du mit beiden Beinen im Leben, gestützt von der erdenden Kraft. Atme nun noch einmal hinein in dieses dunkelrote Energiezentrum und dehne das Licht in deiner Vorstellung so weit du kannst in den Boden hinein aus.

3. **Sakralchakra**

   Dieses kräftige rote Licht strahlt auch nach oben in deinen Körper und berührt so das nächste Energiezentrum. Es sitzt im unteren Bereich deines Bauches und du kannst es dir als leuchtendes, sattes oranges Licht vorstellen. Vielleicht spürst du dort ein Kribbeln oder eine Wärme, wenn du das orange Licht ausstrahlen lässt. Schenke dir ein inneres Lächeln und spüre die Freude, die jetzt in dir aufsteigen möchte. Du darfst dich in deinem Leben zeigen, deine Emotionen, deine Gefühle, deine Ideen und deine kreative Schöpferkraft. Durch dich entstehen ganz wundervolle neue Dinge auf dieser Erde, die vorher nicht existierten. Jede Handlung, jeder Gedanke, jedes Wort, das du hervorbringst, spiegelt dich wider und du hinterlässt deine Spur auf Erden. Deine Einzigartigkeit strahlt durch dein Licht nach außen. Atme hinein in dieses orangefarbene Licht und strahle es aus, so weit du es dir vorstellen kannst.

4. **Solarplexuschakra**

   Konzentriere dich auf deinen Bauch. Eine strahlende Sonne in einem warmen gelben Licht erscheint dort. Du fühlst dich wohl in deiner Haut, du erkennst, wer du bist, kennst deine positiven Seiten, aber genauso deine Schwächen. So nimm dich an in diesem strahlenden Sonnenlicht. Mache dir bewusst, dass all deine Facetten zu dir gehören und wertvoll sind. Sonne dich in deinem warmen, gelben Licht und schenke dir Liebe für dich selbst.

5. **Herzchakra**

   Die Liebe, die du dir gerade selbst geschenkt hast, kommt auch aus deinem Herzraum. Wie eine saftig grüne Sommerwiese pulsiert hier dein Leben. Visualisiere das grüne Licht in deinem Herzraum, wie es lebendig hinausstrahlt in die Welt und auch anderen zuteilwird. Deine Liebe darf auch an andere verschenkt werden, großzügig und reichlich. Dein grünes Licht kann nicht versiegen. Verbinde dich mit dir, deinen Lieben, deiner Familie, deinen Freunden, den Nachbarn, den Menschen in deinem Dorf oder in deiner Stadt und dehne dein Liebeslicht aus auf dein Land, sogar auf die ganze Erde bis hinaus ins Universum.

6. **Halschakra**
Gehe jetzt mit deiner Aufmerksamkeit zurück zu deinem Körper in den Bereich deiner Kehle. Ein wolkenloser, hellblauer Himmel darf dort weit und unendlich erscheinen. Spüre die Frische dieses hellblauen Lichtes. Jedes Wort, das du sprichst, wandert durch dieses Energiezentrum. Deine Worte wirken in dieser Welt. Du selbst bestimmst, welche Wirkung sie erzielen möchten. Deine Wahrheit darf ausgesprochen werden, hinaus in den blauen Himmel, hinaus zu den anderen Menschen, Tieren und Pflanzen. Deine Sprache spiegelt dich wider. Du darfst zeigen, wer du bist und wie du bist. Bewusst gesprochene Worte verbinden dich mit deiner Umgebung. So strahle nun auch dein hellblaues Licht im Bereich deiner Kehle, deines Halses hinaus in die Welt, vielleicht begleitet von Worten, die dir wichtig sind. Lass sie wie Wolken mit hineinschweben in diesen hellblauen, endlosen Himmel.

7. **Stirnchakra**
Stelle dir vor, wie eine glasklare Nacht hereinbricht, frisch und reinigend. Visualisiere das nächtliche dunkelblaue Licht in deiner Stirn, wie es kühl und klar nach außen strahlt. Dein Geist wird ganz ruhig und still. Gib der Klarheit in deinem Stirnbereich immer mehr Raum. Du bist der stille Beobachter, der die Dinge in aller Klarheit wahr-

nehmen kann. Jetzt spricht nicht mehr dein Geist, der Gedanken formt, jetzt spricht deine Seele zu dir, dein wahres Selbst. Lausche, was sie dir sagen möchte, die Weisheit liegt bereits in dir. Strahle das dunkelblaue Licht über deine körperliche Begrenzung hinaus, so weit du möchtest. Lasse die Schönheit deiner Seele funkeln, wie die Sterne am klaren Nachthimmel.

8. **Kronenchakra**
   Du bist mehr, als dein Körper, der hier auf Erden seine Erfahrungen macht. Die Kraft, eine Quelle, mit der du verbunden bist, darfst du nun spüren, indem du dich nach oben hin über deinen Kopf hinaus öffnest. Kraftvolles lilafarbenes Licht strömt hinaus in die Weite des Universums. Spüre die Verbindung mit dieser Kraft. Du nennst sie vielleicht göttliche Kraft, Universum, spirituelle oder kosmische Energie. Vielleicht kannst du sie nun stark spüren, wie sie dein Licht empfängt und im Gegenzug an dich zurücksendet. Du bist in Verbindung mit dieser Kraft, zu jeder Zeit, in jedem Moment und jeder Situation. Sie ist dein Ursprung und deine Heimat zugleich. Bleibe in diesem lilafarbenen Licht und strahle es über alle Grenzen hinaus aus.

9. Du bist nun mit deiner Aufmerksamkeit durch jedes einzelne deiner Energiezentren gegangen und hast deine Chakren somit geöffnet, aktiviert und mit neuer Energie aufgeladen. Spüre, wie sehr du nun verbunden bist mit dir selbst, aber auch mit der Quelle deines Seins.

Chakren und ihre Verbindung zu Heilsteinen

Seit jeher haben Menschen Steine in Ritualen und für Heilungszeremonien benutzt. Über sie kann wieder Kontakt zur Natur aufgenommen werden, denn in ihnen liegt gespeichertes Wissen vieler Jahrtausende. Was könnten sie wohl alles für Geschichten erzählen? So viele Umwelteinflüsse und geschichtliche Ereignisse haben sie erlebt und sie sind unter großer Hitze und Druck in der Tiefe der Erde geboren worden. Je nach Ort und Bodenbeschaffenheit sind so unterschiedlichste Steine entstanden, die die Menschen auch heute noch aufgrund ihrer Farbe und Form verzaubern. Doch nicht nur das, man kann auch ihre Energie spüren, die sie in sich tragen.

Bestimmte Heilsteine werden den Chakren zugeordnet. Sie entsprechen den Chakrafarben und tragen daher die gleiche Schwingung in sich. Du kannst sie als Schmuck am Körper tragen, wenn ein Chakra einmal besonders viel Energie benötigt. Sehr beruhigend ist es auch, während der Chakrenmeditation den entsprechenden Stein in den Händen zu halten und seine Energie zu spüren. Die Heilsteine können auch direkt auf ein Chakra aufgelegt werden, z. B. in der Endentspannung (Totenhaltung). Im Raum aufgestellt senden sie ihre Energie in dein Zuhause und sprechen deine Chakren positiv an.

Heilsteine sollten in regelmäßigen Abständen gereinigt werden. Du kannst sie z. B. in das Licht des Vollmondes legen oder in Salzwasser waschen. Auch schamanische Räucherungen klären die Energie der Steine wieder.

Die nachfolgende Liste zeigt dir, welche Steine dem jeweiligen Chakra zugeordnet werden:

1. **Wurzelchakra:** Granat, Rubin, roter Achat, roter Jaspis
2. **Sakralchakra:** Karneol, Sonnenstein, Bernstein, oranger Jaspis
3. **Solarplexuschakra:** Citrin, Tigerauge, Calcit, Topas, gelber Turmalin
4. **Herzchakra:** Malachit, grüner Turmalin, Saphir, Aventurin, Chrysokoll, Jade, Moosachat, Olivin, Smaragd
5. **Halschakra:** Aquamarin, Chalzedon, hellblauer Topas, blauer Achat, Chrysokoll, Disthen, Larimar, Türkis, Apati
6. **Stirnchakra:** Amethyst, Iolit, Saphir
7. **Kronenchakra:** Diamant, Amethyst, Bergkristall, Selenit

Eat the rainbow - Chakrenernährung

Durch eine bewusste Ernährung kann man die Chakren tagtäglich unterstützen. Denn alles, was du deinem Körper zuführst, enthält gespeicherte Energie, welche an deine Chakren abgegeben wird. In der nachfolgenden Aufstellung kannst du sehen, welche Nahrungsmittel für das jeweilige Chakra wohltuend sind. Kombiniere die Lebensmittel der einzelnen Chakren miteinander oder lege auch mal entsprechende Chakrentage ein, an denen du dich nur mit einem Energierad beschäftigst, das gerade Stärkung gebrauchen könnte. Mit der Zeit kannst du dir immer mehr einen eigenen Chakrenspeiseplan zusammenstellen.

1. **Wurzelchakra**
   Das Wurzelchakra gewinnt seine Energie aus erdenden Gemüsesorten, wie z. B. Karotten, Kartoffeln, Rote Bete, Kohlrabi. Ergänzend sind auch Saaten und Saatenöle positiv für das Wurzelchakra, wie z. B. Sesam, Kürbis-, Pinien- und Sonnenblumenkerne. Verschiedene Hülsenfrüchte, Nüsse, Milch- und Sojaprodukte stellen dabei perfekte Proteinlieferanten dar.

2. **Sakralchakra**
   Für das Sakralchakra eignen sich vor allem Früchte, wie z. B. Äpfel, Mangos, Melonen, Birnen, Ananas und Weintrauben. Sie unterstützen die Reinigung des Chakras. Da das Sakralchakra mit dem Element Wasser in Verbindung

steht, sind frische grüne Salate mit Gurke, Tomate, Kresse und Rucola sehr zuträglich. Sie kurbeln die Entwässerung an. Brennnesseltee kann dies noch zusätzlich unterstützen.

3. **Solarplexuschakra**
Damit die Verdauung in Schwung kommt, unterstützen Ingwer, Zimt, Nelken, Anis und Pfeffer, das innere Feuer zu schüren. Besonders gern mag dieses Chakra warme Speisen wie Suppen und Eintöpfe mit Gemüse und Hülsenfrüchten.

4. **Herzchakra**
Mit Liebe zubereitetes Essen erfreut das Herzchakra enorm. Es liebt alles, was grün ist: Salate, grüne Kräuter, Keimlinge, gedünstetes Gemüse, grüner Tee.

5. **Halschakra**
Damit die Kommunikation frei fließen kann, fällt die Wahl hier auf leichte Kost wie verschiedene reinigende Obstsorten und nährende Samen, wie z. B. Chiasamen, Leinsamen, Flohsamen.

6. **Stirnchakra**
Für einen klaren Geist können blaue Obst- und Gemüsesorten verzehrt werden, wie z. B. Weintrauben, Heidelbeeren und Blaukraut.

7. **Kronenchakra**
Auch das Kronenchakra zieht seine Energie aus leichter Nahrung, wie z. B. aus Salaten, Obst und Nüssen.

Eat the rainbow – Chakrenernährung

Grundsätzlich kann man sagen, ähnlich wie bei den Heilsteinen, dass die Farben von Obst und Gemüse aufgrund der gleichen Schwingungsfrequenz auch eine positive Wirkung auf das Chakra haben. Wie du bereits in der Auflistung der Nahrungsmittel erkennen kannst, sind vor allem frische und unverarbeitete Lebensmittel wahre Energiebooster für die Chakren. In der Ayurvedaphilosophie werden sie als „sattvig", das bedeutet „rein", bezeichnet. Denn diese Lebensmittel halten den Körper auf einem ausgeglichenen Niveau. Zusammenfassend lässt sich feststellen, dass eine überwiegend vegetarisch-vegane Kost die Chakren besonders anspricht, aber natürlich auch allgemein eine positive Auswirkung auf die Gesundheit hat.

Schlusswort

Du bist am Ende deiner Reise durch die Chakren angelangt und hast dir dabei jeden einzelnen dieser Energiewirbel genauer angeschaut.

Jedes Chakra zeigte dir einen bestimmten Lebensbereich auf, der sich im Laufe deines Lebens entwickelt. Dabei beinhaltet diese Entwicklung viele neue Lernschritte, welche du in deinem Erdendasein erkunden darfst.

Anhand der vorgestellten Auswahl an Übungen kann die Arbeit mit den Chakren nun beginnen. Sie werden helfen, Blockaden zu erkennen und ein neues Bewusstsein für diese in den Regenbogenfarben schwingenden sieben Grundchakren aufzubauen. Das Schöne ist, dass du aktiv mit deinen Chakren arbeiten und viel dazu beitragen kannst, dass du sie und dadurch deine Daseinsebenen (Körper, Geist und Seele) heilst.

Wichtig ist, dranzubleiben und die Pflege der eigenen Chakren als etwas Selbstverständliches und Regelmäßiges anzusehen. Die positiven Auswirkungen deiner Bemühungen werden sicher nicht lange auf sich warten lassen.

Energiearbeit ist nichts Abstraktes, was du erst zu einem späteren Zeitpunkt wahrnehmen kannst, es ist sofort spürbar und erfahrbar. Mit der Zeit wirst du durch die Auseinandersetzung mit den Chakren sensibler dafür, ihre Energien zu spüren.

Auch wenn du diese feinstoffliche Energie nicht sehen kannst, merkst du doch, wie sie dich mit Lebensenergie erfüllt und lebendig sein lässt. Ich wünsche dir zum Abschluss nun eine wundervolle persönliche Reise durch deine Chakren.

„Der Regenbogen ist wie eine Klammer, der die Enden des Himmels zusammenhält. Möge er auch Leib und Seele verbinden mit der Sanftmut seiner Farben." (Irisches Sprichwort)

Verweise und weiterführende Literatur

Alcantara, M. (2017), Chakra Healing A Beginners Guide to Self-Healing Techniques that Balance the Chakras, Fall River Press.

Birgit Feliz Carrasco (2020), Alles über Chakra Yoga – mit Übungen, von https://www.yogaeasy.de/artikel/chakra-yoga, abgerufen am 12.04.2021.

Govinda, K. (2012), Chakra-Praxisbuch, Irisiana.

Judith, A. (1987), Wheels of Life: A User's Guide to the Chakra System (Llewellyn's New Age) (1st ed.), Llewellyn Publications.

Maurer, K. (2017 – 2020), Chakren, von https://www.yogaeasy.de/, abgerufen am 12.04.2021.

Mercier, P. (2007), The Chakra Bible: The Definitive Guide to Working with Chakras (Mind Body Spirit Bibles), Sterling.

Perrakis, A. (2018), The Ultimate Guide to Chakras: The Beginner's Guide to Balancing, Healing, and Unblocking Your Chakras for Health and Positive Energy, Fair Winds Press.

Rotter, D. (2014), Meditation Chakren, von https://www.chakren.net/chakra-meditation/halschakra/, abgerufen am 12.04.2021.

Tubali, S. (2013), Chakren: Die sieben Energiekörper der Seele, Neue Erde GmbH.

Tubali, S. (2019), Die sieben Herzgeheimnisse: Leben in Vertrauen und Liebe, Neue Erde GmbH.

Tubali, S. (2019), Entdecke deine Chakra-Persönlichkeit: Finde heraus, wer du wirklich bist und entfalte dein wahres Potenzial, mvg Verlag.

YogaVidya (2020), Chakra, von https://wiki.yoga-vidya.de/Chakra, abgerufen am 12.04.2021.

Wauters, A. (2002). The Book of Chakras: Discover the Hidden Forces Within You (First Edition). B.E.S.

CPSIA information can be obtained
at www.ICGtesting.com
Printed in the USA
BVHW051042270921
617617BV00001B/42